EXPOSITION NATIONALE COLONIALE
DE MARSEILLE EN 1922

NOTICE ILLUSTRÉE

SUR LA

Côte Française des Somalis

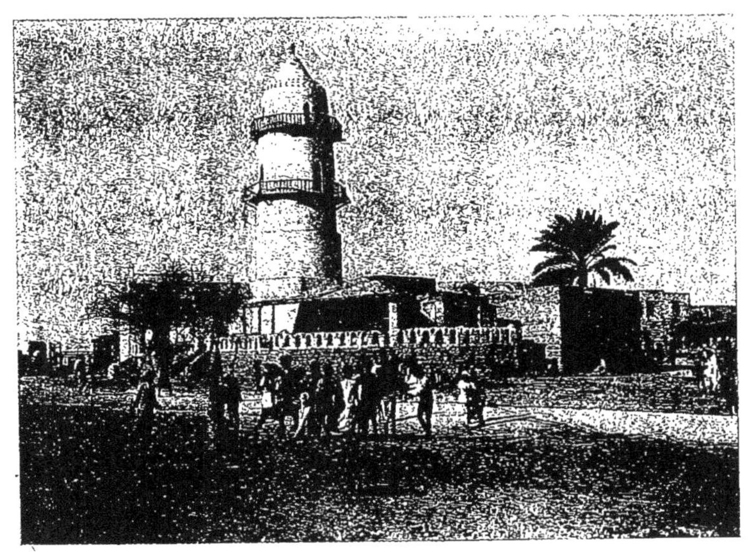

MARSEILLE

IMPRIMERIE DU "SÉMAPHORE", BARLATIER

17-19, Rue Venture, 17-19

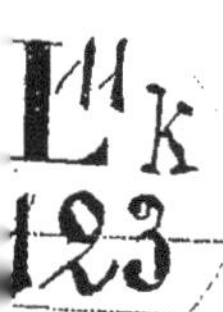

NOTICE ILLUSTRÉE

SUR LA

COTE FRANÇAISE DES SOMALIS

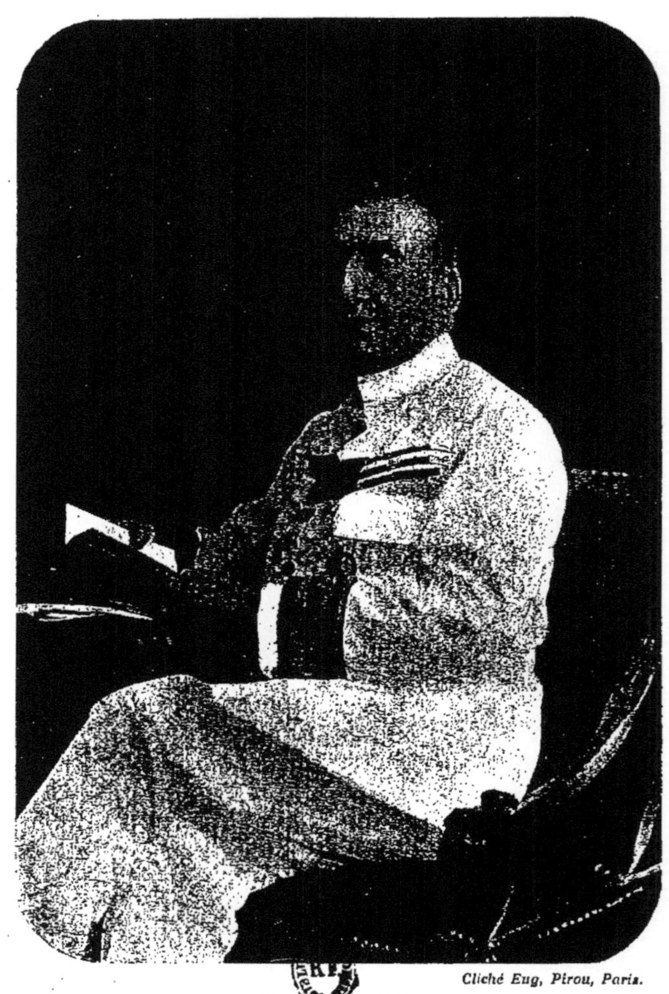

M. A. ...URET

Gouverneur des Colonies

Gouverneur de la Côte Française des Somalis

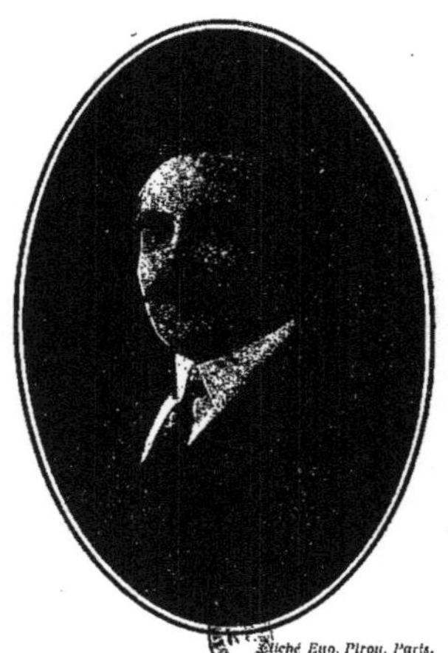

Cliché Eug. Pirou, Paris.

M. H. PRÉAU
Administrateur de 1re classe des Colonies
Commissaire de la C. F. des Somalis à l'Exposition Coloniale

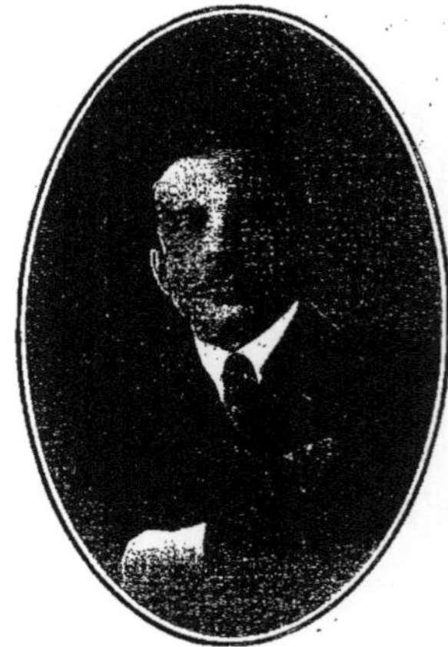

M. CHANEL
Administrateur en chef des Colonies
Commissaire adjoint de la C. F. des Somalis à l'Exposition Coloniale

TABLE DES MATIÈRES

AVANT-PROPOS

Nous ne sommes point colonisateurs, disait-on en France, et les mêmes nous renvoyaient aux méthodes des puissances coloniales rivales. Si l'expérience et, en particulier, la guerre n'avaient fait justice de semblable assertion, il serait aisé de montrer ce que peuvent la volonté, l'énergie, la ténacité françaises.

Entre bien d'autres de nos établissements, Djibouti en est un magnifique exemple.

Un effort continu de moins de vingt-cinq années, nous a mis à même de concurrencer avec honneur les ports existants dans la région. Détail piquant, c'est l'Angleterre elle-même qui, par son refus de ravitailler nos navires de guerre, lors de la guerre de Chine, nous a amenés à occuper un point sans avenir apparent. Aujourd'hui ce point n'est pas seulement une escale, il est devenu le débouché le plus direct et le plus sûr de l'Empire Éthiopien. Le développement de sa prospérité est donc certain. Malheureusement notre jeune établissement reste encore presque ignoré du commerce français, malgré les efforts de l'administration locale.

Souhaitons que cette notice, grâce à la manifestation coloniale de 1922, vienne éclairer nos industriels, nos commerçants et le grand public français.

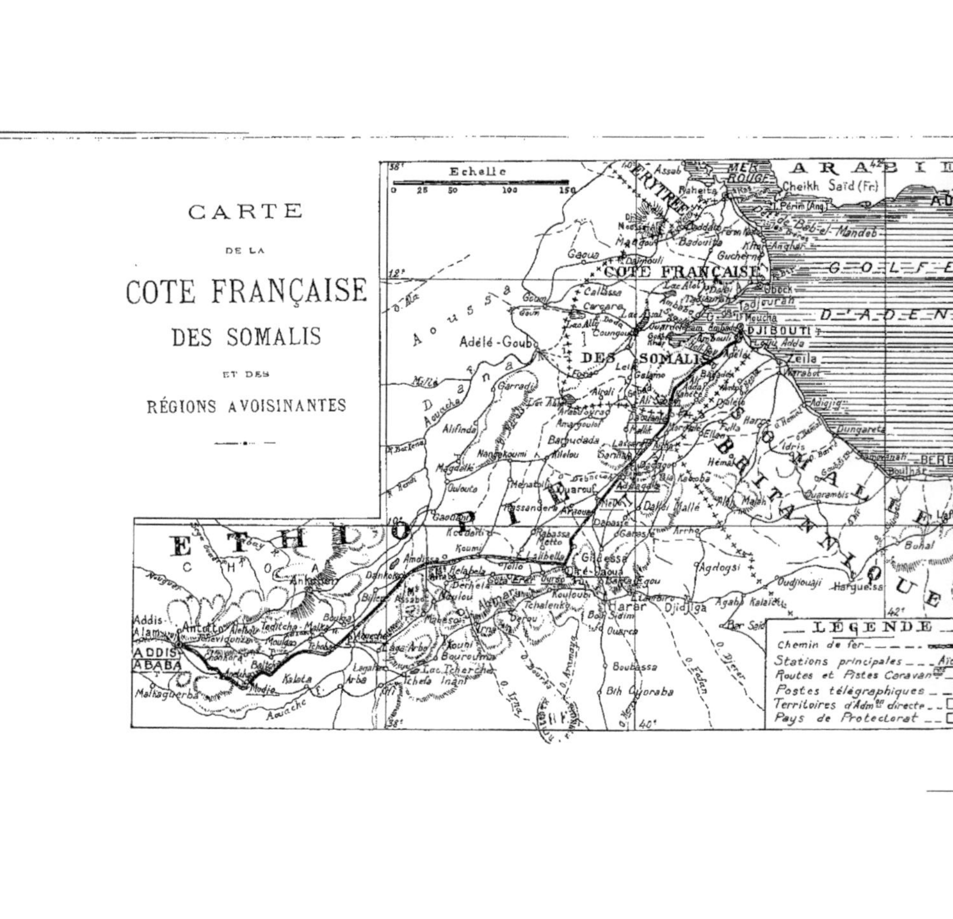

CARTE
DE LA
COTE FRANÇAISE
DES SOMALIS
ET DES
RÉGIONS AVOISINANTES
Echelle
0   25   50   100   150
ARABIE
MER ROUGE
Cheikh Saïd (Fr)
Périm (Ang)
Bab-el-Mandeb
ADEN
GOLFE D'ADEN
ÉRYTRÉE
Assab
Raheita
COTE FRANÇAISE
Tadjourah
Moucha
DJIBOUTI
DES SOMALIS
Zeila
SOMALIE BRITANNIQUE
BERBER
Boulhar
Adigjig
Dungareta
ETHIOPIE
CHOA
Ankober
Addis-Alam
ADDIS ABABA
Antotto
Malhaguerba
Harar
Diré-Daoua
Harguessa
Bonal
LÉGENDE
Chemin de fer
Stations principales   Aïcha
Routes et Pistes Caravan.
Postes télégraphiques   T
Territoires d'Adm.tº directe
Pays de Protectorat

NOTICE ILLUSTRÉE

SUR LA

COTE FRANÇAISE DES SOMALIS

I. — GÉOGRAPHIE ET HISTOIRE. GÉNÉRALITÉS

POSITION GÉOGRAPHIQUE. UTILITÉ. — Située entre les 39°30 et 41° de longitude Est, et les 11° et 12°30 de latitude Nord, occupant la rive africaine du détroit de Bab-el-Mandeb, et tout le golfe de Tadjourah, la colonie de la Côte Française des Somalis se trouve dans une position d'une importance exceptionnelle. Ses frontières courent à environ 90 kilomètres de la côte, et sa superficie n'est que de 23.000 kilomètres carrés en chiffres ronds (environ quatre départements français).

Le port de Djibouti, son chef-lieu, est un point d'escale indispensable à nos navires de commerce ou de guerre allant en Extrême-Orient, à Madagascar, en Afrique Orientale, dans le Pacifique ou en revenant. Là, sur le fond magnifique du golfe de Tadjourah, à mi-route de France et des possessions françaises les plus proches, les navires trouvent une rade sûre, profonde, bien abritée. Djibouti offre, en outre, pour le ravitaillement des navires, des ressources inestimables en eau douce, charbon, légumes (venus d'Abyssinie), en viande fraîche, en glace même. Les malades qui sont dans l'impossibilité de continuer leur voyage, peuvent recevoir des soins dans un excellent hôpital.

Par ailleurs, avec les îles qu'encadre la côte, et les montagnes qui dominent le golfe, notre possession peut devenir une base stratégique et un point d'appui de premier ordre.

Du côté économique, la colonie n'est pas moins privilégiée. Elle ne produit rien en raison de la constitution géologique du sol, du manque d'eau, et de la sécheresse qui règne habituellement dans ces régions. Mais le port de Djibouti, déjà *point d'escale*, est le point de départ de l'unique railway qui aboutit à la capitale de l'Ethiopie. Grâce à cette circonstance, Djibouti est devenu un point de *transit*, extrêmement important. Aussi ce point est-il fréquenté par les bâtiments de toutes les compagnies françaises et de certaines compagnies étrangères.

L'œuvre créée là par la France est devenue un centre de rayonnement pour notre influence, en particulier chez les

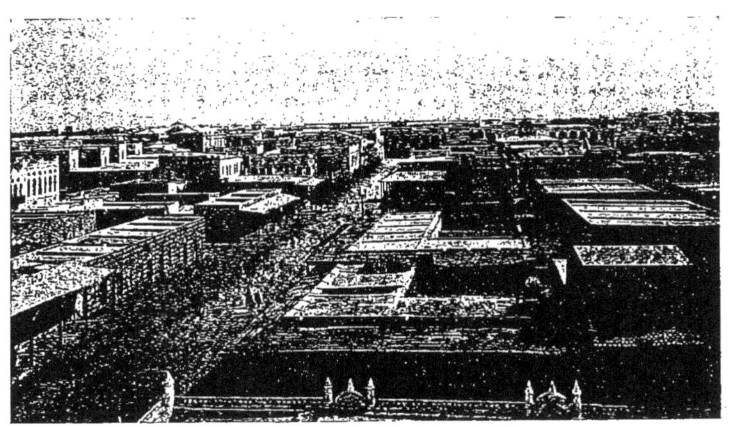

Vue à vol d'oiseau d'une partie du plateau de Djibouti.

populations musulmanes, tant des régions environnantes que des pays fort éloignés.

LIMITES. — La Côte Française des Somalis est bornée : au Nord, par le Ras Doumeïra, qui la sépare de l'Erythrée (possession italienne) ; à l'Est, par le golfe d'Aden et par une ligne droite partant des puits d'Hadou, en direction de Gildessa (cette ligne la sépare du Somaliland britannique) ; au Sud et à l'Ouest, par l'Ethiopie (provinces de Harar et de l'Aoussa). La frontière franco-abyssine a été fixée, suivant accord intervenu le 20 Mars 1897, par une ligne partant de Djalelo (frontière franco-anglaise), passant à Rahalé, le mont Daguen, Sablola, Gobad, Airoli, le bord du lac Abbé, Mergada, le bord du lac Hally, et, se redressant, à Daïmuli, Adgherro Marci, pour gagner Doumeïra par Ettaga (voir carte Chaurand 1894). La détermination officielle de cette frontière sur le terrain n'a pas encore été faite.

*
* *

Historique. — Notre établissement de la Côte Française des Somalis est de fondation relativement récente. C'est de 1884 que date notre occupation. Mais nos droits remontaient à nombre d'années auparavant, puisque certains traités de 1858 et 1859 nous donnaient accès sur la côte. Nos nationaux vinrent établir des comptoirs dans ces régions, et nombreux furent ceux qui pénétrèrent en Abyssinie.

Le point de départ de notre installation a été le traité du 11 Mars 1862, par lequel les chefs Danakils cédaient en toute propriété à la France, moyennant 10.000 thalers, le mouillage d'Obock et les territoires s'étendant de Ras Doumeïra à Ras Ali. Pendant la guerre de Chine, l'Angleterre ayant, sous prétexte de neutralité, refusé de laisser les navires de guerre français se ravitailler à Aden, notre gouvernement se décida à occuper Obock.

Un décret du 18 Juin 1884 a organisé la colonie en y rendant applicable l'ordonnance organique du 18 Septembre 1844, concernant les îles Saint-Pierre-et-Miquelon. Cette charte y est encore en vigueur.

Un pénitencier fut presqu'aussitôt installé à Obock et affecté spécialement aux individus de race arabe, chinoise ou annamite, ainsi qu'aux condamnés originaires de l'Inde et de la côte orientale d'Afrique. Il a été supprimé par décret du 11 Août 1895.

Le 21 Septembre 1884, un traité passé avec le sultan de Tadjourah et approuvé par décret du 10 Décembre suivant, donne à la France le protectorat sur les régions de ce sultanat.

Deux autres traités signés avec les sultans de Tadjourah et de Gobad, les 18 Octobre et 14 Décembre 1884, nous apportaient en toute propriété la côte depuis Ad-Ali jusqu'à Ambado, ainsi que Ras Ali, Sagallo et Rood Ali. Ils étaient approuvés par décret du 21 Août 1885.

En 1887, l'Angleterre nous cédait les îles Musha, situées à l'entrée du golfe de Tadjourah, en échange de Dougaretta, que la France possédait entre Zeilah et Berbérah.

Déjà le sultan de Gobad avait promis d'abord son amitié, puis accepté le protectorat de la France par traités des 9 Août 1884 et 2 Janvier 1885. Cette même année, le 26 Mars, les chefs Issas signaient également un traité où ils reconnaissaient notre protectorat ; mais par un autre traité du 31 Août 1917 (approuvé par décret du 10 Novembre 1917), les chefs Issas donnaient en toute propriété leur pays à la France.

De l'ensemble des traités ainsi passés avec les chefs indigènes des régions Danakils et Somalis (tribus Issas), il résulte que la France a sous son administration directe les points les plus importants du golfe de Tadjourah. Ainsi :

A. — Appartiennent à la France en toute propriété :

1° Au Nord : les territoires danakils compris entre l'Erythrée et Ras Ali ;

2° Sur les côtes du golfe de Tadjourâh : Ras Ali, Sagallo, Rood Ali, la côte entre Ad-Ali et Ambado, près Djibouti ;

3° Au Sud : les territoires issas, dans lesquels se trouve le chef-lieu de la colonie, limités par le Somaliland britannique et l'Abyssinie.

B. — Sont territoires de protectorat :

1° Les territoires des Adaèls et des Ouémas, compris dans le sultanat de Tadjourah ;

2° La partie des territoires des Débenehs (sultanat de Gobad) englobés dans nos frontières.

Les pays de protectorat séparent ainsi en deux tronçons les pays dits d'administration directe.

NATURE ET RELIEF DU SOL. — Le sol avoisinant la mer est très souvent plat, sablonneux, aride, couvert par endroits d'une maigre végétation clairsemée. Cependant certaines vallées, où coulent accidentellement, par grandes pluies, de véritables rivières, présentent quelques oasis verdoyantes, qui font supposer l'existence de nappes souterraines.

Le littoral du golfe de Tadjourah est en grande partie bordé de falaises ; au Nord, elles donnent accès à une chaîne de montagnes et de plateaux parallèles à la mer, et dont le plus élevé, dans les monts Gouda, a 1.675 mètres d'altitude. Cette chaîne est coupée de vallées encaissées et de profonds ravins.

Du côté de l'Abyssinie, le sol s'élève graduellement en une suite de collines ou de pitons rocheux et abrupts, premiers contreforts des grands plateaux de l'Ethiopie.

L'aspect des diverses régions décèle qu'elles sont en général d'origine volcanique. Sauf sur les plateaux s'étageant du côté de Tadjourah, où la culture serait rendue aisée par la présence de sources, on ne rencontre guère que des roches ou des pierres basaltiques, témoignage de bouleversements survenus aux époques de formation géologique.

Il existe dans notre possession plusieurs lacs, dont les plus importants sont le lac Assal et le lac Halol.

Le lac Assal, exploré par la mission de la Société des Salines en décembre 1920-janvier 1921, présente des particularités curieuses. Une moitié du lac (côté Nord-Ouest) se trouve entièrement solidifiée ; cette masse de sel couvre une surface de 60 kilomètres carrés. La partie liquide du lac, d'une superficie de 57 kilomètres carrés, a son niveau à 160 mètres au-dessous du niveau de la mer ; les eaux mères du lac, très concentrées, pourraient être très avantageusement exploitées. Le lac est distant du Gubbet-Kharab, d'environ 9 kilomètres couverts par des collines dont le point culminant est de 132 mètres.

Des gisements de potasse auraient été découverts sur le pourtour du lac Assal.

***

CLIMAT. — Le climat de la colonie se classe dans les climats torrides. Cependant, il existe deux saisons bien marquées ; si l'une, qui va d'octobre à mai, est très supportable et par moments agréable, l'autre, pendant le reste de l'année, est rendue extrêmement pénible par une température qui reste constamment élevée. Au cours de la première de ces saisons, le thermomètre oscille entre 25° et 30°, alors que dans la seconde il se maintient au-dessus de 33°, atteignant souvent 42° et même davantage. La moyenne thermométrique de l'année est entre 29° et 30°.

La ventilation électrique, récemment installée, a modifié de la façon la plus heureuse, à ce point de vue notamment, les conditions de la vie, au chef-lieu tout au moins.

Il est ressenti parfois des mouvements sismiques, mais toujours brefs et faibles, même quand ils sont répétés.

La pluie est assez rare dans ces régions ; si c'est là un très grand inconvénient pour les quelques cultures pratiquées et les pâturages, c'est par contre un grand avantage pour l'état sanitaire de la colonie, qui est généralement satisfaisant. En 1920, le nombre de journées de pluie a été de 26, dont 9 ont été marquées par de simples traces.

****

Faune et Flore. — Comme animaux domestiques on trouve des chameaux, des ânes, des chèvres, des moutons, quelques bœufs, de rares volailles. Les chevaux et mulets viennent d'Abyssinie.

Peu de bêtes fauves dangereuses : léopards, guépards, chats sauvages, hyènes et chacals. Les lions, panthères, éléphants, rhinocéros, hippopotames, sangliers, singes, zèbres, etc., ne se rencontrent qu'en Abyssinie.

Les reptiles ne sont pas rares. Le gibier foisonne dans nombre d'endroits : lièvres, perdreaux, francolins, outardes, antilopes.

La faune marine est extrêmement abondante et variée. La pêche est appelée à un grand développement dans ce pays.

Quant à la flore, si la lumière ne manque pas, bien au contraire, les deux autres éléments indispensables : eau et humus, font trop souvent défaut.

Cependant, sur les bords de la mer, on rencontre souvent des massifs et même des bois assez étendus de palétuviers. Le bois étant rare, et les indigènes imprévoyants, l'administration a dû protéger ces bois par une réglementation assez stricte.

Dans l'intérieur, la brousse est généralement composée de mimosas et de touffes d'herbes dures, formant, en particulier à l'époque des pluies, la nourriture des troupeaux indigènes. Au fond des vallées, quelques oasis.

Près des agglomérations, dans les terrains d'alluvions, comme à Ambouli, à proximité de Djibouti, on peut se livrer avec succès à la culture maraîchère, à celle du tabac, et surtout du dattier. Les plantations de coton sembleraient devoir donner des résultats, si l'eau était moins rare.

****

Population indigène ; Ethnographie. — La population européenne est peu nombreuse et se trouve concentrée au chef-lieu. Un recensement effectué le 1er juillet 1921 a donné un total de 354 Européens ou assimilés ; mais c'est la plus mauvaise saison de l'année, et ce chiffre est doublé en saison fraîche.

Dans le total ci-dessus, les Français comptent pour 190 ; ceci est dû à la présence des personnels administratifs et militaires. Nos nationaux sont loin, en effet, de représenter l'élément le plus important de la population commerçante.

Dans cette dernière, les Grecs (84) et les Italiens (45) dominent. Les premiers surtout sont pour nos nationaux de redoutables concurrents dans le commerce.

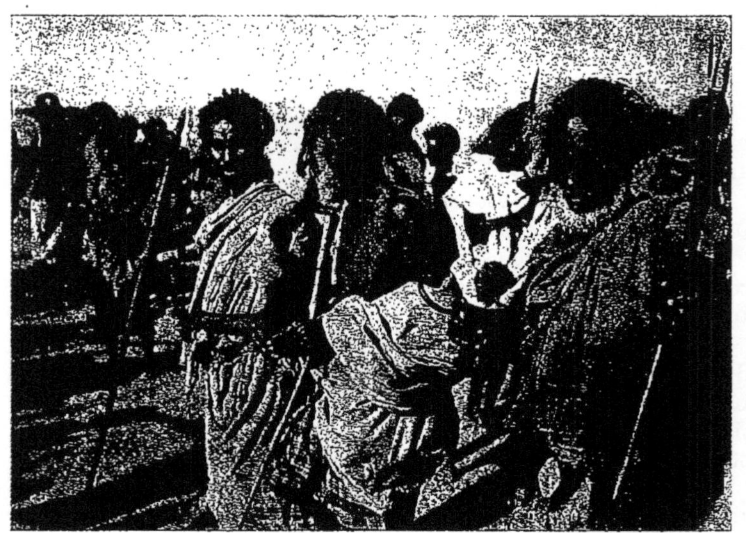

Groupe d'indigènes.

Quant à la population indigène, son dénombrement, effectué également au 1er Juillet 1921, fait ressortir un total de 64.440 individus, répartis comme l'indique le tableau I (Documents annexes).

La population autochtone, Somalis (Issas) et Danakils, vit dans l'intérieur, toujours à côté de points d'eau, et se nourrit du lait de chamelle ou de chèvre, de la viande de ces animaux, et parfois de dourah ou d'autres grains pris à la côte ou venus d'Abyssinie. Elle est essentiellement nomade et se transporte d'un point à un autre aussitôt qu'elle ne trouve plus sur place les ressources nécessaires à son bétail. Le régime des pluies la fait donc se déplacer fréquemment, tantôt en Somalie française, tantôt en Ethiopie ou inversement.

Somalis et Danakils appartiennent à la race hamitique. Ils arrivèrent probablement à une époque très ancienne que l'histoire n'a pas enregistrée.

Leur situation actuelle date probablement du XVI° siècle.

Très sobres, nerveux, marcheurs infatigables, ils constituent une des races les plus remarquables de l'Afrique.

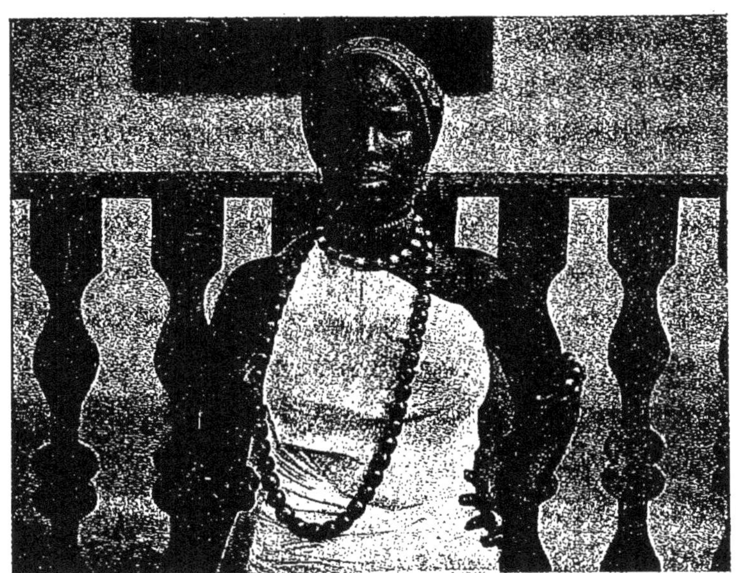

Femme indigène.

Ils n'ont point, comme leurs congénères de l'Afrique Occidentale ou Centrale, les cheveux crépus, pas plus que les lèvres lippues et le nez épaté, mais bien des traits fins, un grain de peau délicat et un port naturellement élégant.

Les Somalis et les Danakils sont musulmans. C'est l'action des Arabes qui jadis fanatisa tous les hamites et les convertit à l'Islam.

Les Somalis parlent un dialecte qui dérive de la langue arabe. Ceux qui séjournent dans le territoire que nous occupons appartiennent à la branche Somalie, dite Issa, laquelle se divise elle-même en trois tribus : les Dalol Issa, les

Wardieck et les Abgal. Les autres branches somalies se dénomment Aber-Aoual, Aber-Younis et Darodes et habitent pour la plupart des pays voisins (Somaliland Anglais et Abyssinie).

Les Danakils (au singulier dankali), également dénommés les Affar par les Arabes, parlent un dialecte différent de celui des Somalis, mais qui se rapproche davantage de la langue arabe.

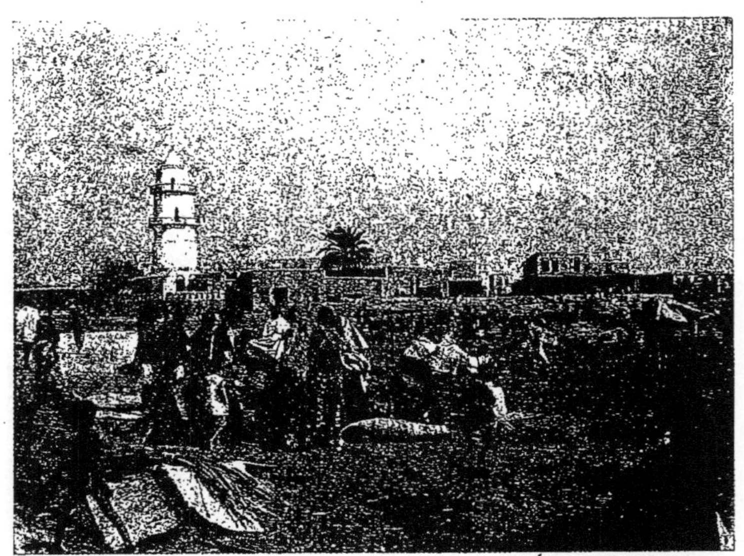

Mosquée Ahmoudy.

Ils se divisent en deux grandes tribus, lesquelles habitent indifféremment notre colonie, l'Erythrée et l'Abyssinie (Adoaïmara et Assaïmara).

Les coutumes des Somalis et des Danakils sont sensiblement les mêmes ; toutefois, on doit constater chez ces derniers un grand rapprochement avec celles en usage chez les Arabes.

Somalis et Danakils sont d'humeur belliqueuse. Ils se sont pourtant adoucis au contact de l'Européen. Des différends sanglants surviennent encore parfois entre tribus des deux races ; mais ils sont aussitôt pacifiquement réglés par les okals ou chefs entretenus dans la tribu par le Gouvernement local.

Au cours de la guerre, les Somalis nous ont fourni un contingent précieux. Il convient d'observer cependant que les

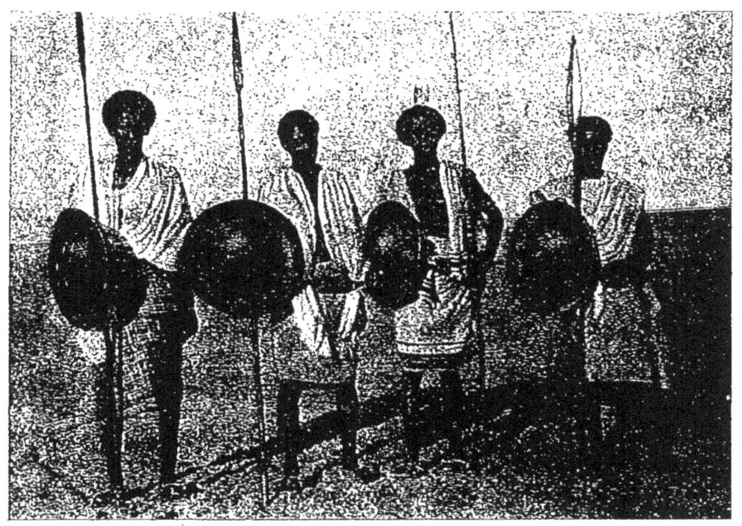

Types de guerriers Danakils.

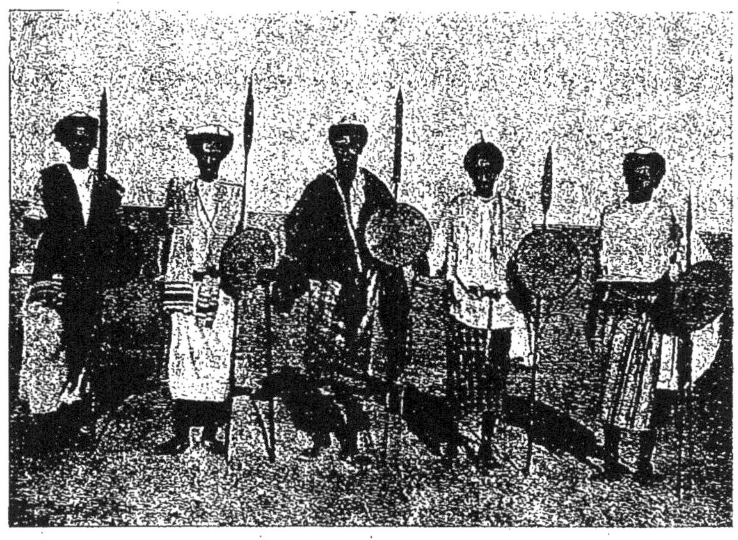

Types de guerriers Somalis

recrues du bataillon somali sont venues pour la plupart des pays circonvoisins (Somaliland britannique, Abyssinie, Erythrée, Yémen), témoignage du rayonnement de l'influence française en ces régions. Pas ou presque pas de Danakils recrutés. Le fanion du bataillon somali, aujourd'hui confié à la garde indigène, porte les inscriptions « Douaumont, Mont-de-Choisy, Caisnes, Cerny, Ailles, Longpont, Parcy-Tigny, La Malmaison, Bailly, Noyon », quatre citations (dont trois à l'ordre de l'armée) et la fourragère aux couleurs du ruban de la Croix de guerre.

*
* *

Djibouti. Autres localités. — Les quelques huttes établies sur le plateau de Djibouti devaient nécessairement se développer à la suite de notre occupation d'Obock en 1884. Elles devenaient le point de départ des caravanes allant en Abyssinie et en particulier dans la région de Harar. Si modestes qu'aient été les débuts, les progrès furent tels qu'en 1895 plus de 4.000 habitants se pressaient dans la nouvelle cité.

Devant ces résultats, le gouvernement n'hésita pas à transférer l'année suivante le chef-lieu de la colonie à Djibouti. Le câble reliant Obock à Périm et de là à l'Europe fut prolongé jusqu'au nouveau chef-lieu. La Compagnie des Messageries Maritimes en fit un de ses points d'escale et y créa une agence et un dépôt de charbon ; un service postal régulier était établi avec l'Abyssinie, où se développaient de plus en plus nos relations commerciales.

Vers la même époque, des missions vinrent étudier le tracé d'une ligne de chemin de fer projetée entre Djibouti et l'Abyssinie. La construction de la voie fut commencée deux ans plus tard. Djibouti s'accrût aussitôt d'une population importante d'ingénieurs, de contre-maîtres, d'ouvriers européens, d'émigrants de différentes nationalités, d'autochtones même, si bien que de 6.000 en 1897, le nombre de ses habitants passait à 10.000 en 1898. En même temps, naissait toute une catégorie de petites industries, le commerce grandissait, la ville se couvrait de constructions.

Cet afflux de population, en particulier de population européenne, a nécessairement diminué au fur et à mesure de la pose, puis de l'achèvement de la voie. Mais le coup de volant était donné et si le chiffre de la population est resté stationnaire pendant les dernières années, le commerce a pu s'établir solidement, puis se développer dans des conditions

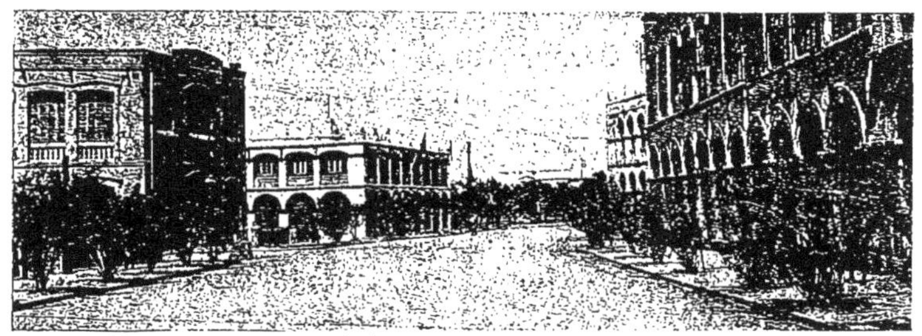

DJIBOUTI. — La rue du Port.

extraordinaires. La guerre a arrêté et même compromis pendant quelques années une croissance qui fût rapide. Mais il ne saurait plus y avoir aucun doute sur le magnifique avenir réservé à notre établissement.

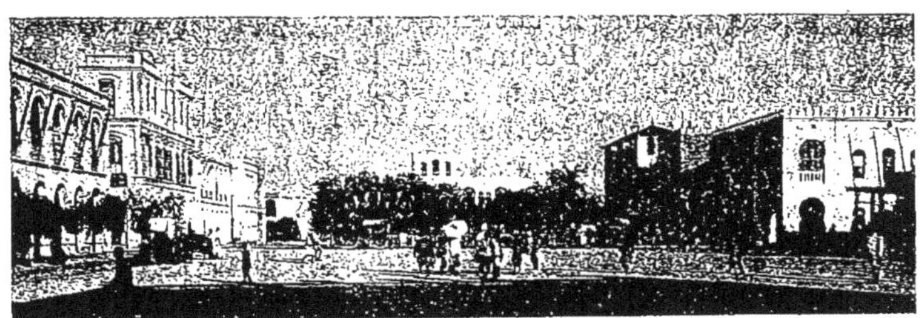

DJIBOUTI. — Place Ménélick.

Djibouti est le seul port et la seule ville de notre colonie. A côté de la population européenne qui, suivant la saison, peut être évaluée à 360 ou 700 habitants, dont 200 Français environ, vit une population indigène sédentaire d'environ 7.500 âmes (recensement de juillet 1921) de Somalis, d'Arabes de l'Yémen, de Danakils, d'Hindous et d'Abyssins. A ces indigènes s'ajoute une population flottante qui vient par mer ou de l'intérieur, pour faire des échanges. En vendant du bois, des animaux, des peaux, les indigènes nomades passant à Djibouti obtiennent les denrées et articles de première nécessité qui leur font défaut. La population flottante de Djibouti ne descend pas au-dessous de 500 indigènes, et peut, suivant les saisons et les circonstances, atteindre plusieurs milliers d'âmes.

Au visiteur comme au passager qui débarque accidentellement, Djibouti, avec son éternel ciel bleu, ses maisons et ses mosquées toutes blanches, ses rues bien tracées et proprement

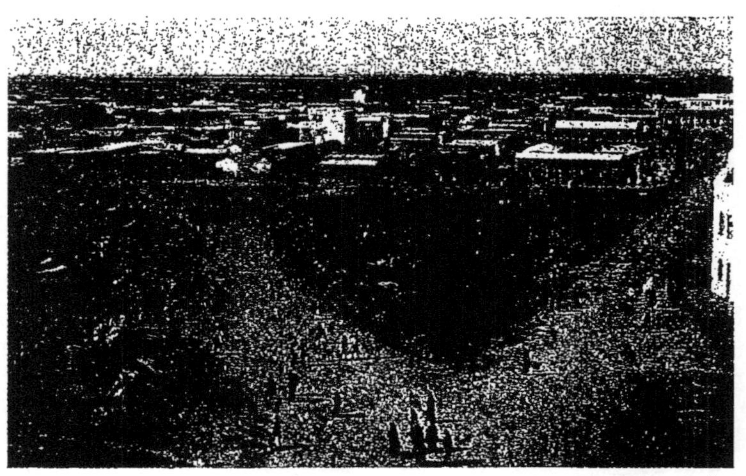

DJIBOUTI. — Village indigène et son marché au bois et aux bestiaux.

tenues, même dans la ville indigène, se présente sous un aspect coquet et riant ; quelques-unes des voies principales sont bordées de lauriers roses et blancs, toujours en fleurs.

Les conditions d'existence, autrefois si difficiles au chef-lieu même, se sont complètement modifiées grâce aux dispositions prises par l'administration locale. La ville est aujourd'hui dotée d'une usine électrique qui assure à la fois l'éclairage et la ventilation, tant pour les particuliers que pour les services publics. La ville européenne et les deux quartiers de la ville indigène (Bender-Djedid et Bender-Salam) sont éclairés électriquement depuis le 21 novembre 1921.

Le service de l'eau potable a été également amélioré et mis au niveau des besoins de la ville et du port. Depuis 1920, une nouvelle conduite d'amenée a été installée, des réservoirs ont été édifiés, de nouvelles galeries de captage ont été creusées à Ambouli, de telle sorte que l'eau, sous une pression suffisante, arrive à l'étage et que le débit des captations permet de satisfaire aux besoins de la population ainsi que des navires faisant escale dans le port.

Se préoccupant aussi de la santé morale de la population, l'administration a fait aménager provisoirement une « salle

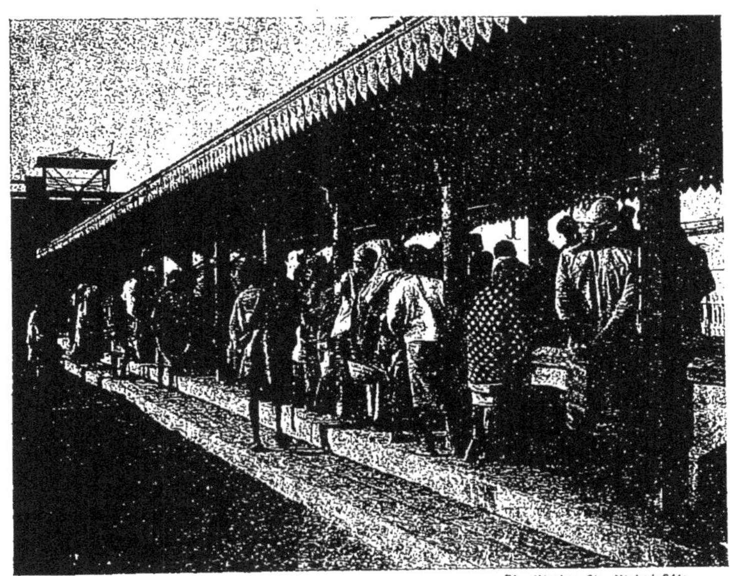

Ph. Mission Ch. Michel-Côte.

DJIBOUTI. — Un coin du marché couvert.

des fêtes » en vue de bals ou de représentations et s'est efforcée de faire installer un « cinéma ».

Par ailleurs, la position même de Djibouti, magnifique carrefour terrestre et maritime, exigerait que la ville fut dotée d'un grand hôtel-restaurant moderne, répondant par conséquent à toutes les conditions d'hygiène et de confort, si nécessaires aux colonies, surtout sous un climat torride. La situation des finances locales, un peu affectée par le marasme général dont se plaint le commerce depuis près d'un an, a jusqu'ici empêché l'administration locale de poursuivre la réalisation d'un tel projet.

Dans les deux hôtels existant en ce moment, on trouve : des chambres à partir de 10 francs par jour (hôtel des Arcades) ; des chambres et la nourriture, à partir de 25 francs par jour (hôtel Continental).

Bien que le pays ne possède rien et que tout, même les denrées et objets de première nécessité viennent du dehors, d'où élévation des prix, l'existence à Djibouti est assez facile, en raison de la commodité des approvisionnements.

Pour un voyage dans l'intérieur, il est bon d'apporter le matériel de campement nécessaire (tente, lit pliant, cantines, selles, armes, provisions diverses).

Obock, depuis qu'il a cessé d'être le chef-lieu de la colonie, est sans vie. Ce n'était auparavant qu'un point d'escale. Avec les vestiges de l'ancienne ville administrative et pénale, il n'y reste plus qu'un agent de l'administration, chef de poste, et chargé du service du câble, ainsi qu'une agglomération d'environ 300 indigènes. Il y a, en outre, un détachement de tirailleurs, qui occupe en même temps le petit poste militaire de Khor-Anghar, près de Périm.

Sur la côte dankalie se trouve également Tadjourah, gros village de commerçants indigènes aux pieds des monts Mabbla. Tadjourah n'est pas seulement le siège d'un sultanat, il est resté tête de ligne des caravanes allant en pays Aoussa et en revenant. Il n'est pas encore occupé.

Dans l'intérieur se trouve une petite agglomération, Gobad, dans une maigre oasis, sans intérêt au point de vue économique.

Quelques postes militaires à proximité de petits villages sont échelonnés sur la voie ferrée allant en Abyssinie ; le plus important est Ali-Sabiet, au kilomètre 88.

Tous les autres points relevés sur la carte ne sont que des expressions géographiques.

HYGIÈNE ET PATHOLOGIE. — Si le paludisme existe en certains endroits de notre établissement, Djibouti est indemne à ce point de vue, comme aussi des redoutables endémies coloniales.

Dans la saison fraîche, la variole fait son apparition chez

3

les indigènes ; l'extension en est rapidement enrayée par les mesures d'isolement et de désinfection.

La vaccination est acceptée par la population autochtone et même réclamée dans les deux sultanats. Au regard des autres maladies épidémiques, Djibouti jouit d'une situation privilégiée que lui envient ses voisines, assez souvent et assez sévèrement éprouvées.

La distribution d'une eau abondante et saine, la ventilation et l'éclairage électriques ont modifié radicalement, dans un sens très heureux, les conditions de l'existence au chef-lieu.

La préoccupation dominante doit être chez tous la crainte du soleil ; un bon casque est le protecteur indispensable, pour la femme comme pour l'homme. Si, par la lumière et la chaleur sèche, le soleil constitue un puissant agent d'assainissement, il est, pour l'Européen immigré, un ennemi redoutable. Des lunettes ou lorgnons à verres de couleur seront le complément obligé, si l'on sort aux heures ensoleillées. Vêtements légers, pas trop ajustés, pour éviter les coups de chaleur ; travailler dans les locaux bien ventilés, au besoin artificiellement ; éviter le travail aux heures chaudes du milieu du jour.

Mais, comme dans la plupart de nos autres possessions, l'action lente du milieu tropical développe certains troubles : anémie, affection gastro-intestinale, congestion du foie, divers accidents nerveux et psychiques. Une bonne hygiène morale, intellectuelle et physiologique permet d'en réduire les atteintes au minimum.

Le régime alimentaire ne doit pas être trop chargé en quantité, ni trop riche en viandes. User très modérément des boissons alcooliques ; s'abstenir des liqueurs à essences ; éviter de tomber dans un travers fréquent à Djibouti : l'abus des boissons glacées prises en quantité excessive ; éviter les grands écarts de régime, les grandes fatigues, les abus de toutes sortes ; néanmoins, se livrer à des exercices réguliers pour combattre les effets nocifs d'un sédentarisme exagéré.

La suractivité fonctionnelle de la peau, par suite de la chaleur, entraîne chez beaucoup de personnes une affection dermique : les bourbouilles (lichentropicus). Elle disparait à la saison fraîche, et est plus gênante que sérieuse. Mais la furonculose est plus fréquente, plus tenace et moins bénigne qu'en Europe.

Les affections de l'appareil respiratoire, au moins chez les Européens, sont ordinairement banales. Mais les affections cardiaques s'aggravent facilement, surtout dans les moments des « calmes » de l'été, où la brise fait totalement défaut.

En saison fraîche, l'humidité est assez élevée et constante, et les douleurs rhumatismales pour les sujets prédisposés peuvent apparaître.

Pour les tuberculeux en général, surtout pour les tuberculeux pulmonaires, Djibouti est néfaste. La brise marine assez forte, qui règne chaque jour, donne de vrais coups de fouet aux lésions pulmonaires. Il a été observé que des indigènes tuberculeux au deuxième degré, renvoyés de Djibouti dans leurs tribus, à l'intérieur, sont revenus, six mois après, ne toussant plus, et avec des lésions en voie de guérison par sclérose.

D'une façon générale, l'adulte sain supporte très bien le climat de Djibouti et même de la colonie, non sans fatigue, mais sans atteinte sérieuse à sa santé. Les femmes supportent en général assez mal ce climat, très salin et très excitant, en particulier les femmes nerveuses. Les enfants, et les nourrissons spécialement, ne devraient pas être gardés à Djibouti qui ne leur vaut rien.

En résumé, le climat de Djibouti est rigoureux, mais plutôt salubre. Les chaleurs excessives de l'été sont telles que ce n'est là qu'un séjour d'exception, convenant seulement à des gens jeunes ou dans la force de l'âge, exempts de toute tare organique avancée, et notamment de maladie cardiaque.

II. — PARTIE ADMINISTRATIVE, SOCIALE ET FINANCIÈRE

Organisation générale administrative. — La Côte Française des Somalis est administrée par un Gouverneur des Colonies. Le Gouverneur est assisté d'un Secrétaire général du Gouvernement, qui le remplace en cas d'absence ou d'empêchement.

Les attributions du Chef de la Colonie sont déterminées,

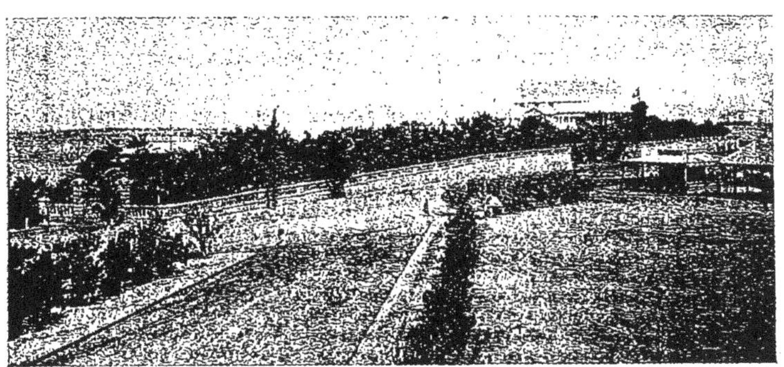

DJIBOUTI. — Palais du Gouverneur.

dans le principe, par l'ordonnance organique du 18 septembre 1844, concernant notre établissement de Saint-Pierre-et-Miquelon, et qui a été appliquée dans notre possession de la Mer Rouge, par décret du 18 juin 1884.

Auprès du Gouverneur est placé un Conseil d'Administration appelé à donner son avis sur les questions diverses que lui soumet le Chef de la Colonie. Ce Conseil est composé du Gouverneur, président, de trois fonctionnaires et de trois habitants notables. Le Conseil d'Administration se constitue, le cas échéant, en Conseil du Contentieux administratif avec l'adjonction de deux magistrats.

L'organisation administrative comporte les mêmes rouages que dans les autres possessions françaises ; les services comportent seulement des effectifs en rapport avec l'importance de notre établissement.

A). — **Services d'administration générale**

SECRÉTARIAT GÉNÉRAL DU GOUVERNEMENT. — Cette Administration comprend deux bureaux plus spécialement chargés d'étudier et de régler, l'un : toutes questions d'administration générale, de contentieux ; l'autre : celles de finances et de matériel. Le Secrétariat général a à sa tête un Administrateur des colonies, délégué dans les fonctions de Secrétaire Général du Gouvernement.

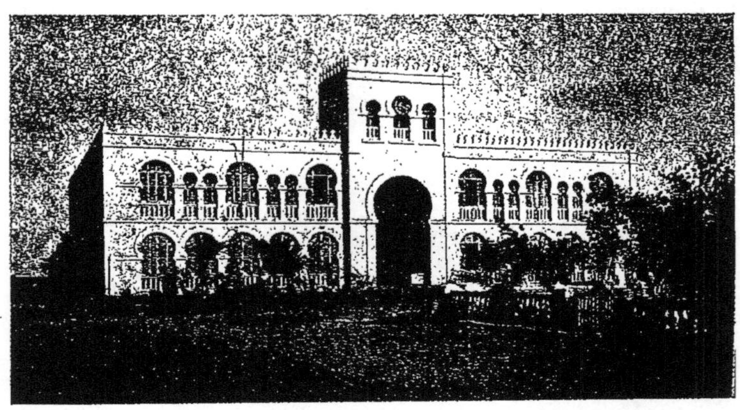

DJIBOUTI. — Bureaux du Secrétariat général, du Service des Travaux publics et du Trésor.

CIRCONSCRIPTIONS ADMINISTRATIVES. — Les territoires de la Colonie sont divisés en deux circonscriptions administratives qui prennent le nom de districts. Les régions habitées par la population indigène dankalie forment le « district Dankali » ; celles habitées par la population indigène somalie (tribus des Issas) forment le « district Issa ».

Un Administrateur des Colonies est placé en principe à la tête de chacun de ces districts.

JUSTICE EUROPÉENNE ET JUSTICE INDIGÈNE. — Au regard des ressortissants européens et assimilés, l'organisation judiciaire comprend : un Tribunal de première instance, un Conseil d'appel et une Cour criminelle. Pour les indigènes, la justice est rendue par des tribunaux indigènes (premier et deuxième degrés).

Police urbaine. — Prison. — Police rurale. — Garde indigène. — A Djibouti, la police est assurée par une brigade de gendarmerie dont le chef remplit en principe les fonctions de Commissaire de police. Un corps indigène de 50 Askaris est sous les ordres du Commissaire de police, dont l'action s'étend également sur la prison.

Le long de la voie ferrée et vers la frontière abyssine la sécurité est assurée par 20 Askaris indigènes de la police rurale.

Ces deux polices sont, le cas échéant, secondées par une garde indigène composée de 91 hommes résidant à Djibouti.

Certains points du territoire sont occupés plus spécialement par un détachement assez important.

Troupes. — Une compagnie de tirailleurs sénégalais forme l'unique élément militaire de notre possession. Cette compagnie, rattachée administrativement au groupe de Madagascar, a sa portion centrale à Djibouti. Elle a deux détachements à Ali-Sabiet (poste frontière au kilomètre 88 de la voie ferrée), à Obock et Khor-Anghar.

Inscription Maritime. — Ce service est assuré par un fonctionnaire du service local.

B). — Services financiers

Indépendamment du deuxième bureau du Secrétariat Général, les services ci-après concourent à la gestion des deniers publics :

Trésor. — Le service du Trésor public est confié à un Trésorier-payeur, qui est secondé par un personnel secondaire.

Douanes et contributions. — La loi douanière métropolitaine du 11 janvier 1892 n'est pas applicable à la Colonie. Il n'y a aucun intérêt à cela. Aussi toutes les administrations qui se sont succédé à Djibouti, se sont-elles efforcées de faire de Djibouti un port franc.

Le service des Douanes est règlementé par le décret du 23 juin 1921.

Le personnel du service des douanes et contributions de la

Colonie se compose de fonctionnaires détachés du service général des douanes de la Métropole, secondés par un personnel local européen et indigène.

ENREGISTREMENT ET CONSERVATION DE LA PROPRIÉTÉ FONCIÈRE. — Ce service est assuré par un fonctionnaire du service local qui remplit les fonctions de receveur-conservateur sous le contrôle et la direction du Secrétaire général du Gouvernement.

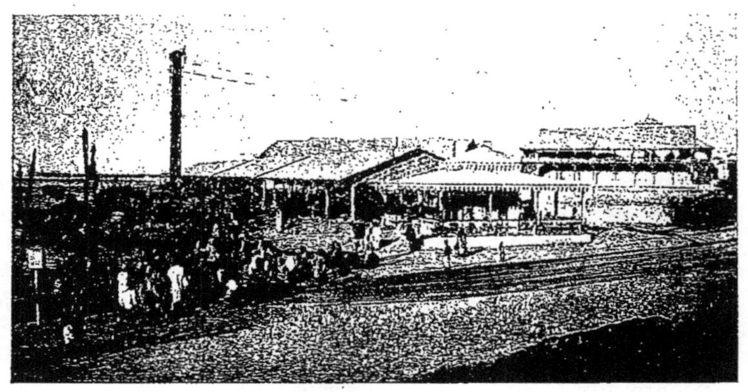

DJIBOUTI. — Bâtiment, poste et hangars de la Douane.
Trafic sur les quais.

C). — Services d'exploitation industrielle

POSTES, TÉLÉGRAPHES, TÉLÉPHONES. — Le service des P.-T.-T. est dirigé par un fonctionnaire de l'administration métropolitaine des P.-T.-T. qui remplit les fonctions de chef de service. Ce chef de service est secondé par des agents du cadre local européen, par des agents indigènes et, au besoin, des auxiliaires.

Le trafic postal et télégraphique s'est considérablement développé. Le total des encaissements est passé de 685.438 fr. 06, en 1911, à 2.414.748 fr. 80 en 1920. Cette augmentation de mouvements de fonds provient en grande partie du chiffre des colis postaux contre remboursement passé de 12.548 fr. 25, en 1911, à 1.038.043 fr. 10 en 1920 et du chiffre de l'émission des mandats-poste passé de 593.617 fr. 28, en 1911, à 1.007.057 fr. 85 en 1920.

Télégraphie sans fil. — Installé au mois de mars 1918 seulement par notre marine nationale pour ses besoins, au cours de la guerre, le poste de Djibouti est d'une puissance de 5 kilow. (émission système S. F. R.).

Cette petite station est en état de recevoir toutes transmissions, notamment le communiqué quotidien d'informations émis par les grands postes de Lyon ou de la Croix d'Hins.

Un service unilatéral de télégraphie privée a été ouvert le 20 juin 1921 entre la France et Djibouti.

La station assure également le service commercial avec les navires en mer. Enfin elle communique avec les stations radio-télégraphiques d'Aden, de Berberah (Somaliland britannique) et d'Assab (Erythrée).

La station a été cédée le 25 juillet 1920 au service local qui en assure l'entretien depuis cette époque.

Travaux Publics. — Un conducteur du cadre général des travaux publics est à la tête du service. Il dispose d'un personnel européen et d'agents indigènes.

Port, Rade, Phares. — Ce service relève du chef du service des travaux publics qui est secondé, en la circonstance, par un maître de port et un personnel indigène.

D). — Services d'intérêt social

Santé publique. — *a)* Service de Santé ; Hopital. — Ce service est un des plus importants de la Colonie, à cause tant du grand nombre des navires à arraisonner, que de celui des malades hospitalisés, comme aussi de l'assistance médicale aux indigènes. Deux médecins militaires des troupes coloniales se partagent le service. Le Chef du service est plus spécialement chargé de l'hôpital dont il est le directeur comptable ; l'autre, a dans ses attributions le service des arraisonnements, l'assistance médicale indigène et les services extérieurs. Un personnel européen et indigène (infirmiers et agents sanitaires) est mis à leur disposition.

La construction des bâtiments composant l'hôpital, a suscité bien des difficultés de tous ordres.

Encore que le pays soit assez salubre, il était nécessaire de doter le port naissant d'un établissement hospitalier convenable apte à recevoir, non seulement les quelques malades de la Colonie, mais surtout les malades débarqués des navires. L'hôpital jouait ainsi un rôle intercolonial, très marqué.

L'administration locale put, en 1900, acquérir de la Compagnie du chemin de fer, moyennant 70.000 francs, quelques bâtiments servant d'ambulance au personnel de la Société.

Mais cette amélioration, malgré les modifications apportées aux bâtiments, ne répondait pas entièrement aux besoins. Aussi M. Beau, Gouverneur général de l'Indo-Chine, et le général Galliéni, Gouverneur général de Madagascar, considérant qu'une telle situation intéressait surtout leur administration, vinrent-ils en aide à l'administration locale. Un contingent de 50.000 francs fut versé en 1903 à la Colonie pour la construction d'un bâtiment à l'usage des européens. Ainsi fut édifié le grand pavillon existant aujourd'hui.

Le gouvernement local s'efforce de mettre le groupe hospitalier en harmonie avec le développement de la Colonie et par conséquent avec les besoins à satisfaire.

b) ASSISTANCE MÉDICALE INDIGÈNE. — Le bonne exécution de ce service est un des plus puissants moyens d'action sur les milieux indigènes. Dans toutes nos possessions, en Afrique comme ailleurs, l'assistance médicale a toujours donné les meilleurs résultats; aussi l'administration locale de la Côte française des Somalis y emploie-t-elle tout le personnel et le matériel dont il lui est possible de disposer.

Il a été construit à Djibouti une infirmerie dans laquelle sont soignés un très grand nombre d'indigènes. Les malades graves sont dirigés sur l'hôpital où ils sont admis gratuitement.

Les consultations sont très suivies par les indigènes. Ainsi, le nombre des pansements est passé de 10.000 en 1900 à 53.000 en 1920. Quant aux vaccinations, de 220 en 1914, elles ont atteint 10.000 en 1920 pour l'ensemble de la Colonie.

c) POLICE SANITAIRE MARITIME.— LAZARET.— La police sanitaire maritime est assurée par le médecin en second, sous le contrôle du Chef de service, directeur de la Santé ; il est secondé dans ce service par des agents sanitaires indigènes. Les paquebots postaux et les navires de guerre sont arraisonnés à toute heure de jour et de nuit ; les autres navires ne le sont que de jour seulement, à moins qu'ils ne le demandent, et moyennant le versement d'une indemnité déterminée.

Après avoir tenté d'établir un lazaret sur l'îlot Mascali (îles Musha), l'Administration locale a fixé son choix sur l'îlot du Héron, qui est plus à proximité de Djibouti. Une partie de ce programme a été déjà exécuté, et le service de santé se trouve aujourd'hui en mesure de traiter les malades qu'il y aurait lieu d'isoler absolument.

d) SALUBRITÉ PUBLIQUE. — HYGIÈNE. — L'individu est le facteur essentiel de toute colonisation. Aussi, en dehors des devoirs que lui impose l'humaine fraternité, l'autorité a-t-elle un intérêt évident à veiller à l'intégrité de ce véritable patrimoine.

Des règlements locaux ont, comme dans toutes nos possessions, déterminé les conditions à observer pour la construction des maisons, la salubrité de la ville et de toutes agglomérations.

L'importance du but à atteindre témoigne assez que le développement rationnel de la Colonie, et en particulier de son chef-lieu, est entièrement subordonné à ce service qui est de tout premier ordre.

INSTRUCTION PUBLIQUE ET ENSEIGNEMENT PROFESSIONNEL. — Dès notre établissement en ce pays, toute l'activité s'est naturellement portée vers le côté économique de notre développement. Les questions d'enseignement furent ainsi assez longtemps reléguées au dernier plan.

Ce fut en 1906, que, d'accord avec l'Administration locale, un comité de l'Alliance française se forma à Djibouti et ouvrit une école. Ce comité, composé de fonctionnaires, d'officiers et d'habitants notables, assura, sous le contrôle du Gouvernement, l'enseignement, grâce aux subventions du service local, à des cotisations et à des dons.

Un arrêté du 12 avril 1913 a réglementé l'enseignement dans la Colonie ; il comprend : 1° l'enseignement primaire élémentaire ; 2° l'enseignement professionnel.

Actuellement, le personnel enseignant de l'école des garçons se compose d'un directeur et d'un maître, chargé chacun d'une classe. Le nombre des élèves inscrits s'élève à 199, mais la moyenne des présences n'est guère que de 90.

L'école des filles est dirigée par les religieuses franciscaines de Calais. Nombre d'inscriptions : 49 ; moyenne des présences : 22.

Les écoles de garçons et de filles sont indistinctement fréquentées par des français, des étrangers, des indigènes.

L'enseignement professionnel, supprimé pendant la guerre, est en voie de réorganisation. Il a commencé à fonctionner à nouveau à partir du mois d'octobre 1921. L'école est aujourd'hui pourvue de tout l'outillage nécessaire. Les élèves sont recrutés en principe parmi les élèves de l'école des garçons ayant l'âge suffisant et au moins un an de classe.

L'enseignement officiel limité à l'enseignement primaire, mais avec les développements qu'il comporte, doit fonctionner à partir du 1er octobre 1922.

E). — **Finances locales**

Les finances locales ont été gérées par les administrations successives avec grande prudence ainsi qu'en témoigne le relevé II (documents annexes).

La Colonie n'a encore contracté aucun emprunt, et n'a aucune dette exigible. La situation de la caisse de réserve de la Colonie, avec un tel régime, est des plus satisfaisantes. A la date du 31 mai 1921, elle s'élevait, en effet, à 3.063.908 fr. 63.

III. — PARTIE AGRICOLE, COMMERCIALE ET INDUSTRIELLE

A). — Agriculture

CULTURES ; ELEVAGE. — Le sol de notre établissement des Somalis, par son extrême aridité, ne se prête guère à la culture; sa constitution ou sablonneuse ou d'origine volcanique, le manque d'eau, l'extrême chaleur,les vents brûlants qui règnent dans ces régions une partie de l'année, sont autant d'obstacles presque insurmontables à toute entreprise de cette nature.

Cependant, aux alentours du chef-lieu et des agglomérations de quelque importance, comme Tadjourah et Obock, on relève avec satisfaction le succès de la culture maraîchère, du tabac et du dattier, que quelques arabes venus de l'Yémen, et même des danakils, ont entreprise avec beaucoup de persévérance.

Mais c'est par suite de l'existence de nombreux puits et grâce à un arrosage constant que ces indigènes parviennent, dans les terrains d'alluvions, à retirer profit de leur travail.

L'administration locale les encourage en leur distribuant gratuitement, de temps à autre, des graines de plantes potagères.

Des planteurs français ont essayé naguère d'entreprendre des plantations de cotonniers et de dattiers ; les résultats ont été satisfaisants, en particulier pour les dattiers. Mais la culture du coton exigeait beaucoup d'eau, et celle des dattiers des capitaux. Les planteurs ont dû renoncer à leurs projets. Il semble que la nappe d'eau d'Ambouli soit suffisante non seulement pour alimenter la ville et les navires de passage, mais encore pour satisfaire aux besoins des plantations.

Enfin, se trouve dans l'intérieur, mais en quantités assez restreintes, de l'encens et de la gomme, des lianes dont le latex paraît rappeler la gutta-percha.

En ce qui concerne l'élevage, il est naturellement pratiqué par ces peuples pasteurs qui n'ont d'autres richesses que leurs troupeaux de moutons, chèvres, bœufs et chameaux.

L'alimentation de ces animaux dépend essentiellement du régime des pluies dans ces régions désertiques et les indigènes se portent vers les meilleurs pâturages. Aussi les voit-on tantôt en territoire français, tantôt dans les pays circonvoisins ; mais leur préférence va à l'Ethiopie où les pluies sont plus régulières, plus fréquentes et, en saison torride, plus prolongées. Dans des conditions aussi défavorables, la viande abattue et consommée dans la Colonie se trouve être de qualité inférieure, d'autant plus qu'une température élevée oblige à consommer la viande peu après l'abatage.

Tant pour l'alimentation de la population du chef-lieu que pour l'avitaillement des navires, il y aurait le plus grand intérêt à profiter de l'existence du chemin de fer pour créer à Diré-Daoua (où arrivent de magnifiques produits de l'intérieur de l'Abyssinie) une usine frigorifique.

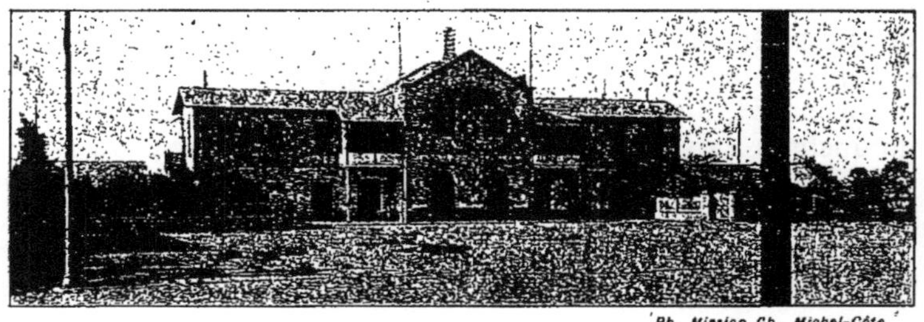

Chemin de fer de Djibouti à Addis-Abéba. — Gare de Diré-Daoua.

B). — Commerce

COMMERCE GÉNÉRAL DE LA COLONIE. — Sa position géographique donne à notre établissement une situation privilégiée au double point de vue maritime et terrestre. Tête de ligne du chemin de fer de Djibouti à Addis-Abéba, Djibouti est devenu le débouché commercial essentiel de l'Ethiopie. Notre possession est le couloir qui donne la vie à l'empire du Négus.

Au cours des premières années de l'occupation, notre activité commerciale s'est circonscrite aux environs immédiats du poste d'Obock. C'est dire qu'elle était insignifiante et le peu de trafic qui se faisait à cette époque avec l'intérieur passait par Tadjourah. Obock, occupé en 1884 pour être port d'escale, n'avait aucun avenir.

Cependant sur la côte Sud du golfe de Tadjourah, en une rade profonde et bien abritée, un point de notre établissement se trouvait être la tête de ligne des caravanes faisant le commerce avec le Harar et le Choa. Ce point était Djibouti. Grâce à Obock, il se développa rapidement, au point de se substituer à l'ancien chef-lieu.

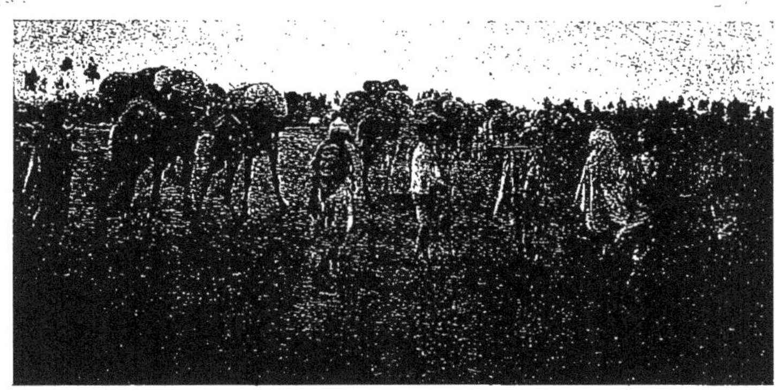

DANS L'INTÉRIEUR — Caravane effectuant des transports de marchandises.

En quelques années l'avenir était fixé : Djibouti, port d'escale, devenait également port de transit, et par là se trouvait fondée sa fortune. Grâce au chemin de fer notre établissement est devenu le principal débouché de l'Ethiopie.

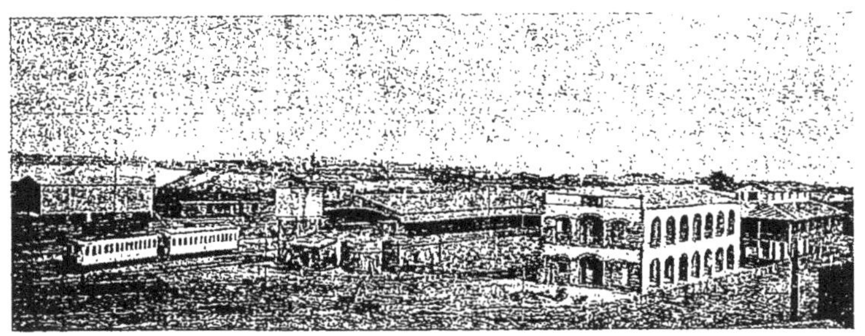

DJIBOUTI. — Vue générale des gares G. V. et P. V. du chemin de fer de Djibouti à Addis-Abeba.

Cependant, la Colonie ne produit rien, sauf du sel. Elle est tributaire de l'extérieur pour toutes denrées, pour tous articles. Des Indes anglaises et néerlandaises (par Aden) elle reçoit du riz, du dourah (base de l'alimentation des indigènes), de la farine de froment, du sucre, du tabac, de l'huile de sésame ;

de Bassorah, lui parviennent les dattes ; de l'Yémen, de l'huile de sésame et du café Moka ; de l'Abyssinie, du dourah, des légumes, des volailles, des œufs, du café, des peaux ; elle demande à la Métropole ou à ses colonies des conserves alimentaires, du vin, des liqueurs, du sucre (Réunion), du savon (Tonkin), des huiles fines, de la parfumerie, des articles de ménage, des bois (Comores) ; elle tire des Etats-Unis d'Amérique (via Aden) du pétrole, des tissus ; mais c'est surtout le Japon qui, dans les importations, tend à prendre une place importante avec les tissus, la bimbeloterie, la papeterie, les articles de ménage, les allumettes, bien que concurrencé sur ce dernier article par la Belgique et la Norvège.

L'Abyssinie a besoin des produits ouvrés ou manufacturés qui viennent d'être énumérés. La plupart de ses importations passent par Djibouti qui est la voie de transit la plus sûre et la plus rapide. En sens inverse, la plus grande partie des marchandises de l'Ethiopie prennent, pour la même raison, le chemin de Djibouti. La progression du commerce général de la Colonie s'est d'ailleurs exactement modelée sur l'état d'avancement de la voie ferrée. La statistique (tableau III des documents annexes) établit que le commerce général était de 5.284.055 francs seulement en 1899.

Le 1er janvier 1903, le premier tronçon, Djibouti-Diré Daoua est mis en exploitation, et le chiffre du commerce général monte d'année en année, pour arriver à plus de 90 millions en 1916. Malgré la guerre, la voie ferrée atteint Addis-Abeba, et l'année suivante (1918), le commerce général s'élève à près de 143 millions de francs, correspondant d'ailleurs à une augmentation sensible du tonnage embarqué et débarqué. L'année 1919 voit un chiffre plus élevé encore : 203.157.510 francs. Cependant l'élévation des cours des devises étrangères n'a pas encore eu le temps de jouer beaucoup.

Malgré le marasme des affaires fin 1920 et surtout en 1921, ces constatations légitiment les plus belles espérances, surtout si l'on considère que le ruban ferré dans ce pays, *dépourvu de routes*, a un rayon d'attraction de 30 à 40 kilomètres, au plus, de chaque côté de la voie.

Par son trafic commercial, Djibouti se place, bien que tard venue, au quatrième rang de nos possessions, presque au niveau de Madagascar.

Les exportations d'Ethiopie se réduisent, jusqu'ici, à quelques produits ou matières premières, cinq ou six articles, et qui sont, dans l'ordre d'importance : les peaux de bœuf, de chèvre, de mouton, le café (Harari), la cire, l'ivoire, la civette.

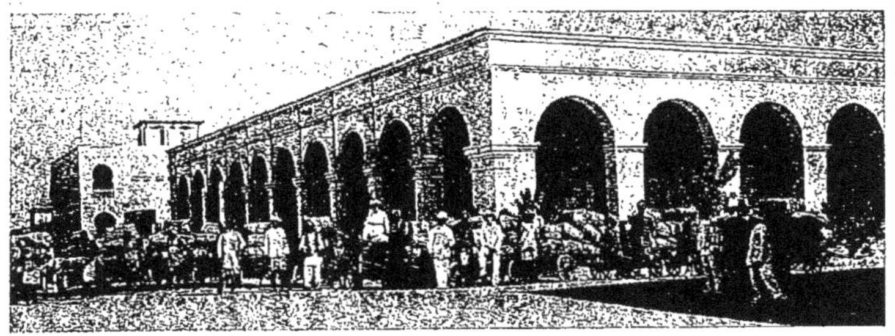

DJIBOUTI. — Transport de fardes de café, après triage et ensachage.

Certaines de ces marchandises ne se bornent pas simplement à transiter dans la colonie ; les peaux sont dirigées sur Djibouti pour y subir la plupart du temps un lavage, et les préparations nécessaires aux expéditions ; les cafés reçus sont triés et mis

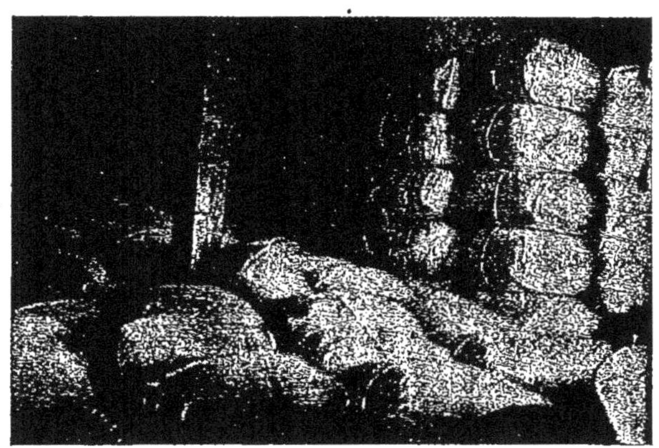

DJIBOUTI. — Fardes de café prêtes à être expédiées.

en fardes. Ce sont, à beaucoup près, les articles d'exportation les plus importants : ils acquièrent donc, en passant dans notre possession, une valeur supérieure à leur valeur initiale.

Les importations pour l'Ethiopie ou destinées à la réexportation par mer, sont infiniment plus élevées que celles se rapportant à la consommation locale dans notre possession. Mais, comme pour les exportations d'Ethiopie, les importations à destination du pays, sont en général aux mains de maisons de transit établies à Djibouti, lesquelles peuvent obtenir sur leur demande le bénéfice de l'entrepôt fictif.

Part de la France, des Colonies françaises et de l'Etranger dans les importations et les exportations.

Cependant, si nous avons le droit d'être fiers d'aussi magnifiques résultats, nous devons, par contre, regretter de constater combien le négoce français profite peu de notre activité commerciale. Il semble que notre établissement soit absolument ignoré en France. Sur la part de l'étranger dans notre commerce général, les tableaux qui suivent sont assez suggestifs. Ainsi, en 1919, sur un ensemble d'importations de 106.301.216 francs, la Métropole et nos Colonies n'atteignent qu'un pourcentage de 2.54, alors que l'étranger accapare le reste, soit 97.46. Dans les exportations, les proportions ne sont guère plus élevées en notre faveur.

I. — **Importations** (pour cent).

Années	1911	1912	1913	1914	1915
Montant en millions..	32 1/2	32	34	28 1/2	24
France.	29.37	22.49	23.09	14.02	5.77
Colonies françaises.	0.08	0.04	0.36	0 95	0.23
Étranger.	70.55	77.47	76.55	85.03	94 »

Années	1916	1917	1918	1919	1920
Montant en millions..	39	39 1/2	67 1/2	106	162
France.	7.79	3.27	2.56	1.94	5.54
Colonies françaises.	0.75	0.52	0.41	0.60	1.34
Étranger.	91.46	96.21	97 03	97.46	93.12

II. — **Exportations** (pour cent).

Années	1911	1912	1913	1914	1915
Montant en millions..	45 1/2	45	47 1/2	43 1/2	41
France.	24.57	19.09	7.46	7 90	12.20
Colonies françaises.	0.96	1 »	1.31	1.02	0.93
Étranger.	74.47	79.91	91.23	91.08	86.87

4

Années	1916	1917	1918	1919	1920
Montant en millions..	51 1/2	50	75 1/2	97	142 1/2
France.	18.63	15.83	6.46	11.43	19.21
Colonies françaises.	1.03	0.08	0.06	1.13	0.91
Étranger.	80.34	84 09	93.48	87.44	79.88

Les graphiques IV, V, VI, (documents annexes), démontrent d'une manière plus saisissante encore, notre infériorité.

Cette situation d'infériorité que nous venons de constater, présente encore cette étrange conséquence : certains produits exportés à l'étranger reviennent sur le marché français, naturellement grevés d'une foule de frais, en particulier du bénéfice des intermédiaires et des impôts étrangers.

Il est bien difficile de remédier à un tel état de choses. Il n'y a pas suffisamment de Français établis à Djibouti, et ceux qui seraient tentés de s'établir redoutent la concurrence de maisons déjà existantes.

Les Compagnies de navigation françaises n'ont pas toujours non plus la nette perception des choses. Au lieu de mener le mouvement, elles se bornent à suivre les Compagnies de navigation étrangères dans la fixation des frets.

Aussi se produit-il trop fréquemment que le fret « Djibouti-Aden-Marseille » est inférieur au fret « Djibouti-Marseille ». Non seulement nos compagnies de navigation perdent ce fret, mais elles secondent efficacement les opérations de nos concurrents étrangers.

Les expositions sont heureusement un moyen très efficace de propagande et de renseignements, tant auprès du grand public que des négociants et des fabricants de France. Mais le développement de nos affaires à la Côte Française des Somalis serait singulièrement accru par la création (au compte de la colonie) d'un poste d'agent commercial à Diré-Daoua, agent dont le rayon d'action pourrait s'étendre à toute l'Abyssinie, aux Somalilands britannique et italien, à l'Erythrée, à l'Yémen et à l'Egypte même. Cette institution a donné ailleurs, et notamment en Extrême-Orient, les meilleurs résultats. Nos efforts commerciaux ne sont pas en effet suffisamment dirigés, les renseignements faisant défaut. On ne peut que regretter le refus opposé à l'administration locale, de la création d'un organe d'une utilité évidente, refus qui ne saurait être définitif.

CHAMBRE DE COMMERCE. — Les intérêts du commerce local se développant de plus en plus, une Chambre de Commerce a été instituée par décret du 25 mai 1912. Elle comprend 14 membres titulaires (8 Français et 6 étrangers) et 6 membres suppléants (3 Français et 3 étrangers).

Les membres de cette assemblée sont élus pour deux ans et rééligibles ; ils nomment un bureau qui comprend : un président, deux vice-présidents, un secrétaire et un trésorier.

La Chambre de Commerce de Djibouti est investie de la personnalité civile ; elle peut être autorisée à fonder et à administrer des établissements à l'usage du commerce.

Elle est appelée à fournir à l'administration les avis et renseignements sur les faits et intérêts industriels et commerciaux ; elle a la faculté de présenter ses vues et observations sur l'état du commerce, de l'industrie et de l'agriculture, ainsi que sur les moyens d'en accroître la prospérité.

Enfin, la Chambre de Commerce a un budget propre alimenté par une imposition additionnelle au principal de la contribution des patentes ; elle peut accepter tous dons et legs qui peuvent lui être faits.

*
* *

TRANSIT. — ENTREPOT FICTIF. — Les marchandises importées et destinées à l'Abyssinie ainsi que celles provenant de ce dernier pays pour une destination directe à l'extérieur, sont exemptées des taxes locales autres que celles afférentes aux marchandises passant en transit.

Ces marchandises sont transportées directement du navire au chemin de fer ou du chemin de fer au navire par les soins des maisons qui s'occupent du transit à Djibouti (voir liste des maisons de commerce aux documents annexes X et XI).

Toutefois, pour faciliter les opérations commerciales sur la place, un régime d'entrepôt fictif a été institué à Djibouti.

Les négociants peuvent ainsi, sous caution, être autorisés à placer certaines marchandises dans leurs magasins de commerce sans avoir à payer, sur le moment, les droits y afférents.

Mais chaque fois qu'ils font sortir de ces magasins tout ou partie de ces marchandises, ils sont tenus de verser aussitôt au

Trésor, sur déclaration acceptée, le montant des droits correspondant aux sorties.

La durée de l'entrepôt fictif ne peut excéder une année.Passé ce délai, les droits sont liquidés et versés au Trésor. Des prolongations sont cependant accordées.

*
* *

ENTREPOT RÉEL. — MAGASINS GÉNÉRAUX. — Un décret du 1er février 1901 a autorisé à Djibouti la création d'un entrepôt réel des douanes sous la protection des mêmes lois, ordonnances, décrets et règlements que les douanes françaises, avec cette restriction cependant, que le délai d'entrepôt est ramené de trois à deux ans.

Un autre décret du même jour a porté création à Djibouti de magasins généraux destinés :

1° à opérer la garde, la conservation et la manutention des matières premières, objets fabriqués, marchandises et denrées que les commerçants voudront y déposer;

2° à favoriser la circulation des marchandises et le crédit basé sur leur nantissement, par l'émission de récépissés et de warrants règlementaires.

Mais c'est le 1ᵉʳ mai 1910 seulement que cette institution a commencé à fonctionner.

La Compagnie de « l'Afrique Orientale » est concessionnaire de ces magasins généraux (D. M. du 3 septembre 1908).

*
* *

MAIN-D'ŒUVRE INDIGÈNE. — La main-d'œuvre indigène de Djibouti n'est pas très abondante ; cependant, celle qui s'y trouve a suffi jusqu'à présent à assurer les besoins de l'industrie et du commerce. Elle se recrute plus particulièrement parmi les Arabes venus de l'Yémen, qui forment d'excellents travailleurs surtout pour les labeurs pénibles. On rencontre avec eux quelques Somalis, mais ils sont rares et, sauf d'heureuses exceptions, sont loin d'égaler les premiers en endurance et en activité. Ces travailleurs forment des équipes munies de petits charriots à quatre roues, très pratiques pour les transports un peu longs.

Les Arabes sont actuellement payés 5 francs par jour ; les

Somalis 2 fr. 50. Mais l'emploi de cette main-d'œuvre à la tâche donne un meilleur rendement.

La domesticité laisse quelque peu à désirer. On emploie indistinctement Danakils, Somalis, parfois des Arabes. Les femmes ne sont employées que pour la garde des enfants. Actuellement, un bon cuisinier est payé de 150 à 200 francs par mois ; un boy 100 francs, pour tous les travaux du ménage. Ces prix sont trois fois plus élevés que ceux d'avant-guerre.

* * *

BANQUE. — MONNAIES. — Il existe à Djibouti une succursale de la Banque de l'Indo-Chine ; elle fait les mêmes opérations

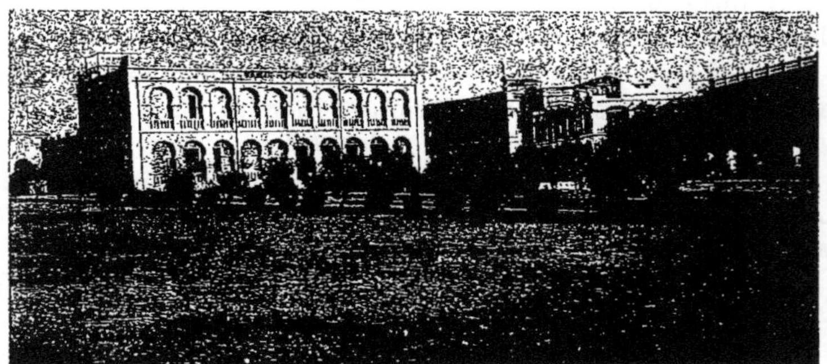

DJIBOUTI. — Succursale de la Banque de l'Indo-Chine.

bancaires que les autres banques coloniales ; elle reçoit les dépôts de fonds, mais ne sert aucun intérêt.

La Banque de l'Indo-Chine étant également banque d'émission privilégiée, ce sont ses billets (100 fr., 20 fr. et 5 fr.), qui circulent dans la colonie (voir tableau VII aux documents annexes) ; la monnaie divisionnaire est la monnaie française. Toutefois, celle-ci ayant à peu près disparu de la circulation, la Chambre de Commerce a été autorisée à émettre, sous le contrôle de l'administration locale, des jetons de 1 franc (en aluminium) et de 0 fr. 50, 0 fr. 10 et 0 fr. 05 (en zinc).

Eu égard au commerce général de la colonie, la circulation fiduciaire ou métallique française est très restreinte. La colonie ne produit rien : son propre ravitaillement comme tous articles, objets de son commerce, proviennent, pour la plupart, des pays voisins. Il s'ensuit que la très grande majorité des transactions ont lieu nécessairement en roupies (pour les relations avec Aden et le Somaliland britannique) et en thalers (pour celles avec l'Abyssinie).

****

Compagnies de Navigation.— Les longs courriers français et étrangers de tout tonnage qui touchent Djibouti sont représentés dans cette escale :

soit par l'Agence de la Compagnie des Messageries Maritimes pour les navires de cette Compagnie et les bâtiments interalliés ;

soit par la Compagnie de l'Afrique Orientale, pour les navires de la Compagnie Havraise péninsulaire, de la Compagnie des Chargeurs réunis et de quelques Compagnies étrangères.

Depuis la fin de la guerre le trafic maritime est loin d'être aussi important qu'auparavant.

Cependant la moyenne annuelle des vapeurs ayant louché Djibouti en 1919 et en 1920, a été de 400 environ, dont les trois quarts battaient pavillon français.

Pour assurer le débarquement ou l'embarquement des marchandises, il est fait usage de boutres ou de chalands. Divers commerçants de la place possèdent quelques boutres, mais la Compagnie la mieux organisée pour ce travail est la Compagnie Maritime de l'Afrique Orientale. Elle a, en effet, constamment en service un certain nombre de grands chalands et trois puissants remorqueurs ; elle fournit également les travailleurs pour l'enlèvement et l'arrimage en cale ou à terre des marchandises ; le prix du débarquement ou de l'embarquement est de 15 francs la tonne ou le mètre cube. Pour les marchandises encombrantes ou dangereuses le prix est à débattre avec la Compagnie.

Le ravitaillement des navires en charbon se fait aux mêmes prix qu'à Aden. Malgré la nécessité de se servir de la main-d'œuvre indigène, on est parvenu à embarquer jusqu'à 100 tonnes à l'heure. Les quantités de charbon chargées en 1919 et 1920, représentent une moyenne annuelle de plus de 100.000 tonnes.

Quant à l'eau potable, elle est de plus en plus régulièrement fournie aux navires. On verra au § « Industrie » comment le ravitaillement rapide va bientôt s'opérer. Le prix de cession est actuellement de 12 francs la tonne, eau rendue à bord (Aden 10 roupies) (1).

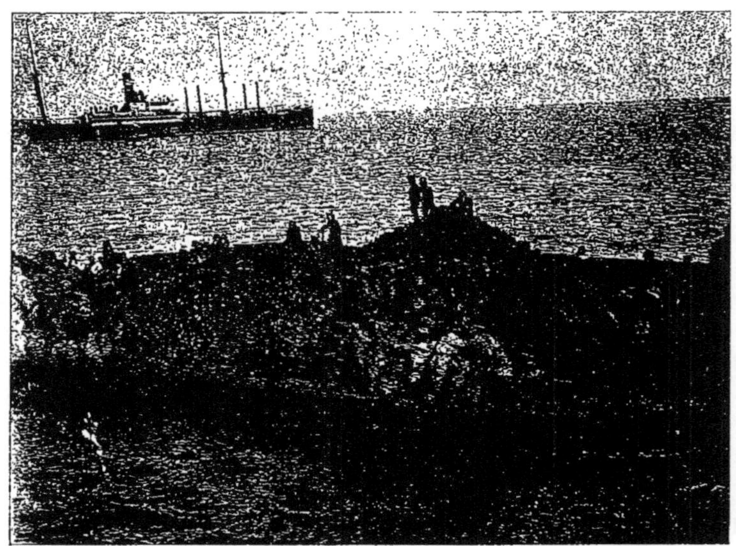

Ph. Mission Ch. Michel-Côte

DJIBOUTI. — Ravitaillement en charbon d'un navire.

Enfin les navires trouvent les vivres frais (viande de bœuf, mouton, volailles, œufs et légumes frais) en quantités suffisantes. Une glacière, installée par la « Société Industrielle de Djibouti », est aujourd'hui en mesure de fournir de la glace aux navires qui en demandent.

Le service maritime côtier est assuré actuellement par deux compagnies étrangères :

1° La Compagnie « Cowasjee ». indo-anglaise, qui assure un service hebdomadaire entre Aden, Djibouti, Zeilah,et quelquefois Berberah, au moyen de petits vapeurs d'une portée en lourd variant de 200 à 700 tonnes. Cette Compagnie a une agence à Djibouti ;

(1) Taux de la roupie (octobre 1921) 4 francs.

2° La Compagnie « Maritima Italiana », italienne, qui fait un service mensuel entre Suez, Port-Soudan, Djeddah, Massaouah, Djibouti et Aden. Les vapeurs de cette Compagnie ont une portée d'environ 250 tonnes. La même Compagnie a également quelques vapeurs venant d'Italie qui desservent la ligne des possessions italiennes de l'Erythrée et de l'Est africain ; elle est représentée à Djibouti par la Société coloniale italienne.

*
* *

FRETS. — PASSAGES. — Pendant la durée de la dernière guerre, le taux des frets et passages a dû, comme partout ailleurs, suivre le cours progressif de toutes choses. Pourtant, depuis la faible reprise du trafic commercial maritime, on enregistre une légère réduction qui s'accentuera inéluctablement avec le retour du cours normal des affaires commerciales.

Ainsi, par exemple, le fret pour les peaux de bœuf et de chèvre — une des principales exportations — est descendu (octobre 1921) à 375 francs la tonne, pour Marseille, et à 500 francs pour le Hâvre ; celui intéressant le café et la cire est également descendu à 230 et 300 francs, pour les mêmes destinations.

Par ailleurs, il n'est pas sans intérêt pour nos négociants et fabricants de connaître le montant des frais divers qui grèvent une tonne de marchandises, de consommation courante, prise en gare de Marseille et rendue : soit dans un magasin de la colonie, à Djibouti, soit dans un magasin, en Ethiopie, à Diré-Daoua.

Ces frais qui comprennent : le transport de la gare de Marseille au quai d'embarquement, le fret, le débarquement à Djibouti, l'arrimage à quai, les taxes diverses ou droits de douane et le transport en magasin s'élèvent (octobre 1921) aux chiffres indiqués ci-dessous :

	Djibouti (*a*)	Diré-Douara (*a, b*)
Bois à construire	Fr. 194 30	Fr. 378 40
Chaux	» 188 30	» 342 70
Ciment	» 187 30	» 340 70

a) Taux d'assurance (2 à 2 1/4 p. % selon la valeur) non compris.
b) Frais de chemin de fer Djibouti à Diré-Daoua compris.

	Djibouti (a)	Diré-Douara (a, b)
Tôles	» 186 30	» 380 90
Farine	» 253 50	» 521 70
Sucre	» 263 50	» 661 70
Fils de coton	» 313 »	» 1.821 50
Tissus de coton	» 313 »	» 1.546 90
Ouvrages divers en métaux....	» 243 80	» 573 » (c)
Machines mécaniques	» 223 80	» 467 60 (c)
Conserves alimentaires	» 237 »	» 616 90 (c)
Alcools	» 2.008 »	» 1.785 90
Huiles fixes pures	» 373 75	» 1.204 40
Vins	» 424 »	» 765 10

a) Taux d'assurance (2 à 2 1/4 p. % selon la valeur) non compris.
b) Frais de chemin de fer Djibouti à Diré-Daoua compris.
c) Droits de douane éthiopiens (10 p. % selon la valeur) non compris.

Les prix des passages varient selon la Compagnie de navigation et le navire transporteur. Dans les principales compagnies représentées à Djibouti, les prix pour Marseille sont les suivants (octobre 1921) :

	Première classe	Deuxième classe
Compagnie des Messageries Maritimes :		
Navire type *Louqsor*	Fr. 2.702 »	Fr. (a)
Navire type *Paul Lecat*	» 3.409 »	» 2.380 »
Compagnie Havraise Péninsulaire :		
Navire type *Ville de Paris*	» 2.000 »	» (a)
Navire type *Ville de Reims*	» 2.380 »	» (a)
Navire type *Ville de Metz*	» 2.702 »	» (a)
Compagnie des Chargeurs Réunis :		
Navire type *Amiral Fourichon* ...	» 2.665 60	» 1.348 50
Autres navires	» 2.380 »	» 1.204 »

(a) N'existe pas.

PORT DE COMMERCE DE DJIBOUTI. — Situé à proximité des grandes lignes maritimes empruntant la mer Rouge, le chef-lieu de la Côte Française des Somalis est, comme il a été démontré, le débouché naturel de l'Ethiopie. Djibouti devait donc bénéficier de cette situation. Mais par surcroît la ville se trouve pourvue d'une grande rade *naturelle très sûre* et dont l'accès est des plus aisés.

Cette circonstance a permis de développer, sans effort, le trafic commercial sur ce point, encore que deux tentatives aient été faites pour doter la ville de deux jetées, (jetée Duparchy et Vigouroux, jetée du Gouvernement).

Dans la dernière année de la guerre (1918) l'administration locale essaya de donner les moyens de débarquement aux chalands, lesquels ne pouvaient opérer qu'aux hautes marées.

En leur permettant de travailler à toute heure, elle libérait aussi plus rapidement notre tonnage. A cet effet, l'ancienne jetée du Gouvernement (613 mètres) fut prolongée de 350 mètres, jusqu'à la cote — 3, et un terre-plein de 150 m. × 30 m. fut construit à l'extrémité de cette jetée. Il aurait déjà reçu l'outillage qui lui est destiné sans un affaissement du mur du quai intérieur. Le retard entraîné par cette importante réparation aura du moins l'avantage de porter la largeur du terre-plein de 30 à 40 mètres. Une voie ferrée desservira la jetée qu'elle reliera, et à l'intérieur de la ville, où se trouvent les magasins, et au chemin de fer franco-éthiopien.

En même temps qu'étaient poussés les travaux du prolongement de la jetée, l'administration locale menait auprès des capitaines de navires français, une enquête destinée à préciser les desiderata des navigateurs, c'est-à-dire des intéressés mêmes, touchant les travaux du port. Cette enquête a duré près de 20 mois. Les intéressés se sont prononcés, à l'unanimité, ou à peu près, pour l'établissement de coffres d'amarrage, la construction d'une digue contre la mousson, la réfection du balisage, le renforcement des feux et phares, la création d'un service du port. Ainsi équipé, le port de Djibouti fonctionnerait assez exactement comme le port de Colombo. Ces travaux suffiraient pendant 15 ou 20 ans au moins, aux nécessités du trafic, tel qu'il résulte à la fois des données de l'expérience et de la situation politique en Abyssinie.

Après avoir rapproché, par la jetée, la terre des navires, l'administration locale doit s'efforcer de rapprocher de la terre les navires qui mouillent toujours loin ; et les coffres d'amarrage sont le premier ouvrage dont il faille ensuite se préoccuper. Si l'on considère qu'une moyenne de 400 vapeurs fréquentent annuellement, en temps normal, le port de Djibouti, et qu'on a pu voir jusqu'à plus de 12 navires en rade le même jour, une quinzaine de coffres d'amarrage paraissent suffisants pour un assez long temps.

L'établissement de ces coffres, la construction de la digue, la réfection du balisage, des feux et phares, enfin la création d'un service du port sont nécessairement au premier plan du magnifique programme de mise en valeur de nos possessions du Ministre des Colonies, M. Albert Sarraut. Ces projets, destinés à satisfaire aux besoins du commerce pour une période assez étendue, ne font aucunement obstacle au développement ultérieur du port, et notamment à l'établissement de quais d'accostage et de débarquement. A la vérité, les travaux projetés sont la préparation nécessaire à des travaux beaucoup plus importants, lesquels s'imposeront lorsque l'Abyssinie, pénétrée par la civilisation et les mœurs occidentales, verra sa situation politique radicalement modifiée, et, du coup, sa situation économique singulièrement améliorée.

Il est à envisager, cependant, que cet événement se produira à assez longue échéance.

Les travaux projetés pour le port de Djibouti, programme auquel semble avoir adhéré le Département des Colonies à la suite d'une consultation des Compagnies de navigation, n'ont pu être encore entrepris pour diverses raisons. D'abord le personnel technique a fait défaut. Ensuite il n'était guère possible de se procurer le matériel nécessaire, sauf exceptions et à des prix extrêmement élevés.

A ce double point de vue, la situation semble s'être éclaircie. Et il faut prévoir que, malgré le marasme des affaires, les travaux pourront être entrepris avec vigueur.

En effet, il est à considérer que la Colonie n'a pas de dettes, et que les navires fréquentant le port de Djibouti ne paient absolument rien. Un emprunt, non garanti d'ailleurs par l'Etat, serait aisément gagé par le produit de droits nouveaux (ancrage, phares, etc).

CHEMIN DE FER FRANCO-ÉTHIOPIEN. — La progression si extraordinaire du commerce général de notre possession est dû, pour la plus grande part, à cet outil de premier ordre qu'est le chemin de fer franco-éthiopien.

La concession d'un chemin de fer appelé à relier Djibouti au Nil Blanc, en passant par Harar, Entotto (alors capitale de l'Abyssinie) et le Kaffa, fut accordée suivant contrat du 9 mars

1894 (1), par l'empereur Ménélik II, Roi des rois d'Ethiopie, à M. Alfred Ilg, ingénieur Suisse, Conseiller du Négus. En association avec M. Chefneux, ingénieur français et également Conseiller de l'empereur, le bénéficiaire fonda la « Compagnie Impériale des chemins de fer éthiopiens », Société anonyme dont le siège social était à Paris.Suivant convention du 12 mars 1897, la Société obtint l'autorisation de construire une ligne sur le territoire du protectorat, pour compléter le tronçon Djibouti-Harar.

Aux termes de l'article 3 du traité du 9 mars 1894 la concession du chemin de fer est accordée pour une durée de 99 ans, à partir du jour de la mise en exploitation pour chacune des trois sections prévues.

Le même article stipule « *qu'aucune autre compagnie de* « *chemins de fer ne sera autorisée à construire des lignes con-* « *currentes, soit des bords de l'Océan Indien et de la mer* « *Rouge jusqu'en Ethiopie, soit depuis l'Ethiopie jusqu'au Nil* « *Blanc* ».

Les travaux, commencés en octobre 1897 à Djibouti, se déroulèrent dans un pays aride et difficile, au milieu de tribus somalis hostiles. Par surcroît, sans fonds suffisants, la Compagnie dût faire appel à des groupes anglais qui lui fournirent des capitaux. Cependant, le Gouvernement français par convention du 6 février 1902, approuvée par la loi du 6 avril suivant, attribua à l'entreprise une subvention annuelle de 500.000 francs pour une durée de 50 ans, à partir du 1er juillet 1902. Cette subvention avait pour but de garantir les engagements à contracter par la Compagnie en vue de subvenir aux dépenses de construction et aux premiers frais d'exploitation. Les difficultés d'ordre financier ne se renouvelèrent pas moins, que vinrent compliquer encore des difficultés d'ordre politique. De nombreux intéressés réclamaient l'internationalisation du chemin de fer ; ce fut toujours dans l'idée anglaise. Fort heureusement, grâce à la perspicacité et à l'énergie de nos compatriotes, comme aussi à l'intervention de M. Ilg auprès de l'empereur Ménélik II, cette idée ne prévalut point.

Une Compagnie nouvelle, exclusivement française, fut fondée, et de par la volonté expresse de Ménélik II la concession fut transférée, suivant contrat du 30 janvier 1908, au docteur

(1) Ce contrat fut modifié par lettre du 5 novembre 1896 ; le point terminus du premier tronçon était fixé, après étude, au pied de la montagne de Harar (au lieu devenu Diré-Daoua).

Vitalien (français), pris en sa qualité de représentant de la nouvelle « Compagnie du chemin de fer franco-éthiopien ».

La déchéance de la Compagnie des chemins de fer éthiopiens fut prononcée par décret du 8 décembre 1908, en ce qui concerne la partie située en territoire français ; une loi du 3 avril 1909 intervint pour approuver la convention conclue le 8 mars 1909, entre le Gouvernement français et la nouvelle compagnie, qui jouissait de la garantie de l'Etat.

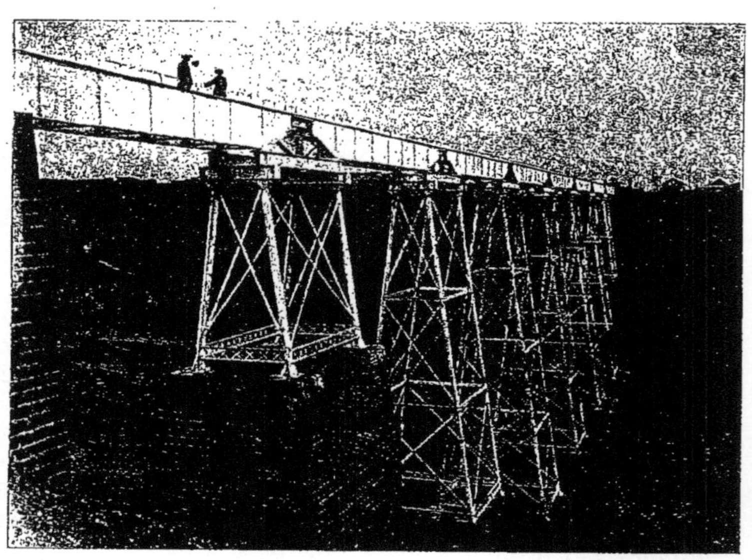

DJIBOUTI. — Chemin de fer de Djibouti à Addis-Abéba.
Viaduc de Holl-Holl.

Malgré les difficultés, tragiques parfois, que souleva cette construction, le ruban ferré atteignit Diré-Daoua (Abyssinie) ; la Compagnie devait y édifier ses ateliers et amener la création d'une véritable petite ville. La section (311 kil.) fut livrée à l'exploitation le 1er janvier 1903, jour même où était inauguré l'hôpital français de Harar.

La deuxième section « Diré Daoua-Aouache » (fleuve distant de 548 kil. de Djibouti) a été mise en exploitation le 1er mars 1914.

Enfin, l'ensemble de la voie ferrée actuelle, exactement 783 kilomètres 256, fut ouverte au public le 7 juin 1917.

Suivant une loi à peu près immuable dans nos colonies, ce railway a été l'origine d'un développement économique qu'on était bien loin d'entrevoir au début de la construction de la voie. Non seulement il devait être le couloir appelé à donner la vie à l'empire du Négus, mais il devait apporter à Djibouti les produits d'un hinterland jusqu'alors à peu près sans issue, et totalement dépourvu de routes.

Le tableau VIII des documents annexes indique pour la période de 1911 à 1920, le mouvement du *trafic commercial réel* (le seul intéressant à connaître), c'est-à-dire dégagé des transports effectués pour le service de l'exploitation propre du chemin de fer. Les progressions suivantes sont dignes de remarque :

a) Pour les voyageurs, le total 25.680, relevé en 1913, est passé, en 1920, à 126.937 ;

b) Pour les marchandises transportées en petite vitesse, le mouvement de 1913 représentait 27.955 tonnes, alors qu'en 1920 il s'est élevé à 56.144.

Les tarifs appliqués actuellement par la Compagnie du chemin de fer franco-éthiopien sont les suivants :

A. — *Voyageurs*

Nombre de kilom.	Durée du trajet (aller)	1re Classe		2me Classe		3me Classe (réservée aux indigènes)
		A.	A. R. (1)	A.	A. R. (1)	
		fr.	fr.	fr.	fr.	fr.
311	1 jour	209 »	313.50	83.60	125.40	20.90
548	2 jours	327.50	491.25	131 »	196.50	27.45
784	3 jours	445.50	668.25	178.60	267.30	39.20

De Djibouti à Diré-Daoua... (311) — De Djibouti à l'Aouache (2). (548) — De Djibouti à Addis-Abeba.. (784)

Les trajets ne sont effectués que de jour, de 6 ou 7 heures à 17 ou 18 heures. Dans chacune des trois sections, à mi-trajet (Aïcha, Afdem, Modjo), il a été installé un buffet où le voyageur peut déjeuner à un prix raisonnable.

(1) La durée de validité des billets A. R. est de douze jours pour les 100 premiers kilomètres, et de un jour en plus, au delà, par 100 kilomètres ou fraction de 100 kilomètres.

(2) Cette station, point d'aboutissement des caravanes venant des riches pays des Aroussis, n'est encore qu'une agglomération de peu d'importance ; elle possède un hôtel et est réputée comme un centre de grande chasse.

B. — *Trafic commercial, grande vitesse :*

Bagages : 1 fr. 50 la tonne kilométrique ;
Messageries : 1 fr. 50 la tonne kilométrique, jusqu'à 20 kilos.
Au-dessus de 20 kilos, 1 fr. 20 la tonne kilométrique.
Il existe des tarifs spéciaux pour les légumes et fruits et, en général pour toutes les denrées fraîches servant à l'alimentation.

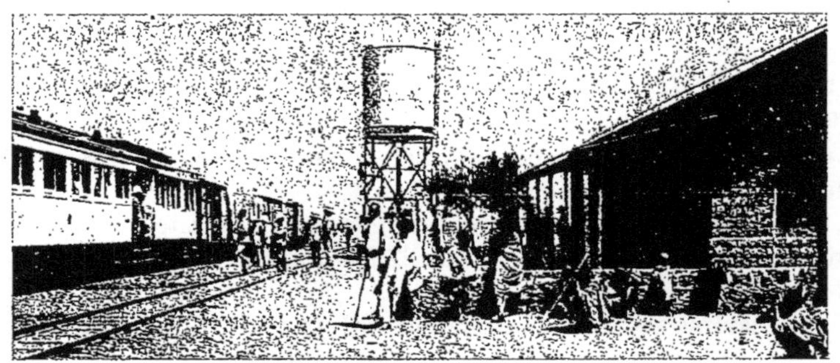

Chemin de fer de Djibouti à Addis-Abeba. — Halte d'un train dans une gare.

C. — *Trafic commercial, petite vitesse :*

Le tarif général comprend cinq séries dont les prix sont les suivants :

1ro série — 1 fr. la tonne kil. Ivoire, armes et munitions, papeterie, broderies, étoffes soie, articles de luxe, etc...

2me » — 0.80 » Cotonnades, bonneterie, épicerie, liqueurs, quincaillerie, etc., etc...

3me » — 0.65 » Aboudjedid, cuirs, verrerie, etc...

4me » — 0.50 » Sucre brut, tuyauterie et accessoires de machines, zinc verres à vitres, etc...

5me » — 0.40 » Vins et bières en fûts, légumes secs, graines oléagineuses, foin et paille, déchets d'animaux, etc...

Il existe en outre des tarifs spéciaux (inférieurs à ceux des cinq séries ci-dessus), mais ils ne s'appliquent en général qu'à des quantités de marchandises relativement importantes, dans le but de faciliter, soit l'importation, soit l'exportation.

*
* *

MAISONS DE COMMERCE. — L'exposition particulière de la Colonie à la grande manifestation économique de Marseille, en 1922, comprend un échantillonnage des principaux produits du crû exportés ainsi que des principaux articles manufacturés ou marchandises diverses importées (Djibouti et Abyssinie).

Mais il importait de permettre aux négociants et industriels de France, comme de nos possessions coloniales, d'entrer en relations d'affaires avec les négociants et industriels établis, tant à Djibouti qu'en Ethiopie. On a donc mis en fin de notice (voir documents annexes X et XI), la liste des principales maisons commerciales et industrielles existant à Djibouti, à Dire-Daoua, Harar et Addis-Abeba. Cette liste indique la nationalité de chaque maison, ainsi que la nature du négoce auquel elle se livre ; *les maisons françaises sont mentionnées en gros caractères.*

C. — Industrie

ENERGIE ÉLECTRIQUE. — GLACE ALIMENTAIRE. — C'est en 1916, c'est-à-dire en pleine guerre, qu'une usine électrique a été édifiée à Djibouti. Elle le fut avec des moyens de fortune. Toutefois, malgré son insuffisance, elle a pu donner aux habitants de la ville la lumière, la ventilation et la glace alimentaire de façon assez continue.

La période de guerre terminée, l'administration a jugé indispensable de doter la ville d'une usine électrique parfaitement équipée. A la suite d'un appel d'offres, un contrat a été passé le 15 août 1919, précisément avec le propriétaire de l'usine existante, laquelle est actuellement en voie de transformation.

Un réseau de distribution desservant les différents points de la ville, y compris la ville indigène, doit satisfaire aux besoins de la population, tant en ce qui concerne l'éclairage que pour la ventilation, indispensable dans les habitations de ce pays.

Enfin, les boulevards, les rues et les quais sont éclairés depuis le 21 novembre 1921. L'énergie électrique peut, en outre, être mise au service de l'industrie locale.

La glace alimentaire pour la population est fournie par l'usine électrique ; la glace nécessaire au ravitaillement des navires leur est livrée par la « Société Industrielle de Djibouti ».

ADDUCTION D'EAU POTABLE. — Les anciens travaux de captation et de canalisation de la nappe souterraine d'Ambouli ne répondant plus aux besoins de la ville de Djibouti, un nouveau contrat a été passé le 1er mars 1919 entre l'administration locale et l'ancienne Compagnie concessionnaire : la Société Industrielle de Djibouti.

De nouvelles galeries ont été creusées pour augmenter le débit et une nouvelle conduite d'amenée de 25 c/m est venue doubler et suppléer les anciennes conduites, de dimensions trop restreintes pour les besoins à satisfaire.

L'eau potable, élevée par de machines dans des bassins construits au-dessus du niveau des galeries de captation, est refoulée dans les deux conduites d'amenée. Deux réservoirs à compartiments, d'une contenance de 800 m³, ont été établis au Plateau du Serpent, afin de donner dans le service de distribution une pression suffisante pour amener l'eau à l'étage dans les différents quartiers de la ville. S'il est nécessaire, la construction d'un troisième réservoir peut être imposée à la Société concessionnaire.

Enfin, deux autres réservoirs de capacité moindre sont installés au plateau du Marabout, près de la mer, et reçoivent une réserve d'eau en vue de l'alimentation des navires en rade. Des chalands-citernes, munis de pompes spéciales, se remplissent à un pylone construit en mer ; les navires de passage peuvent ainsi recevoir très rapidemnt la quantité d'eau demandée et, comme il a déjà été dit, à un prix inférieur à ceux des ports voisins.

SALINES. — Il existe au Sud de la ville de Djibouti même, entre la route de Djibouti à Ambouli et la mer, une très importante concession de terrain mis en valeur par la « Société des Salines de Djibouti ». L'industrie des salines, créée presque au début de la fondation de la ville par un industriel du plus grand mérite, M. H. La Fay s'est, grâce à lui, développée de la façon la plus brillante ; elle semble être appelée à une extension plus grande encore.

La Société des Salines de Djibouti, au capital de 1.500.000 francs, assure le ravitaillement en sel d'une grande partie de l'Ethiopie. Ses débouchés par la voie maritime (Inde, Madagascar, Afrique Orientale) se développent également chaque jour davantage.

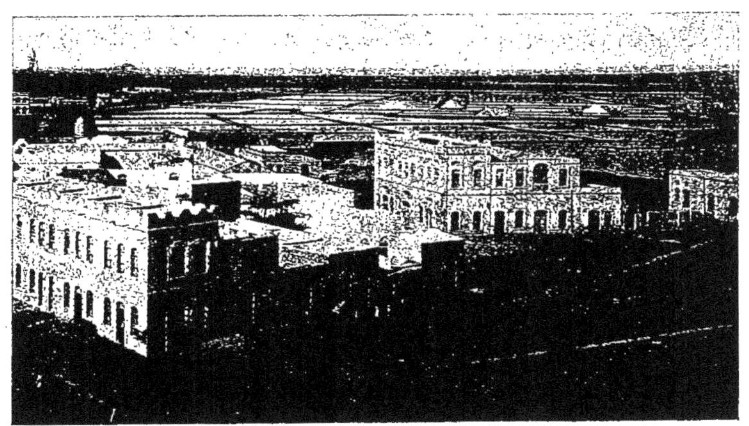

DJIBOUTI. — Au premier plan, quelques maisons de riches commerçants arabes ; au second plan, une partie de la concession de la « Société des Salines de Djibouti » et la Station de T. S. F. (à gauche).

Ses exportations qui étaient de 2.815 tonnes en 1913 sont passées à 13.140 tonnes en 1920 et semblent devoir atteindre 17.000 tonnes en 1921.

La Société des salines de Djibouti a également la concession du lac Assal (lac salé), près du Gubbet-Kharah, et qui offre cette particularité d'avoir son niveau à 160 mètres environ au-dessous du niveau de la mer. Les bords du lac, cristallisés sous une grande épaisseur et une grande étendue, constituent des salines naturelles, appréciées de tout temps par les tribus riveraines.

Jusqu'à présent la Société n'a fait aucun effort pour exploiter les richesses naturelles dont elle est concessionnaire. Cette concession l'a simplement couverte dans l'exploitation de ses salines de Djibouti contre une concurrence possible. Cependant il est certain que le lac Assal renferme des richesses inestimables et que ses eaux-mères notamment, si elles étaient traitées chimiquement, donneraient de très-intéressants produits.

L'histoire des diverses phases de la concession du lac Assal mérite d'être connue.

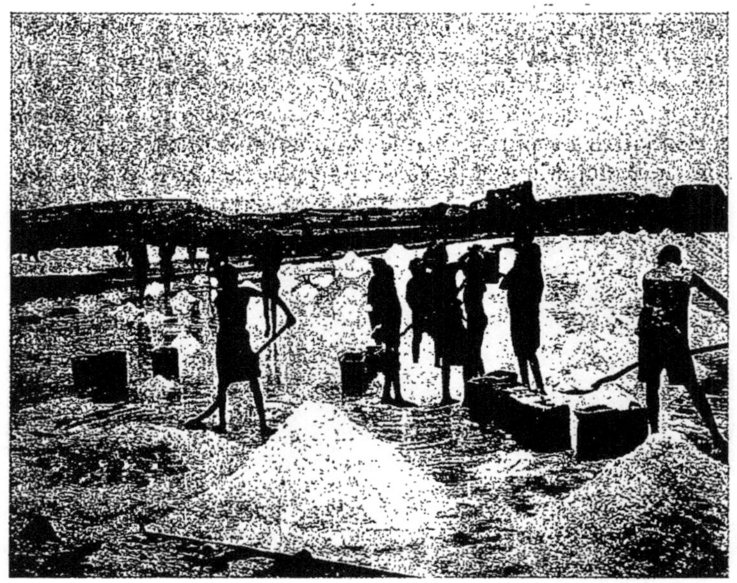

Ph. Mission Ch. Michel-Côte.

Les salines de Djibouti. — Ramassage du sel.

En 1886, à la suite d'une demande d'exploitation présentée par MM. Bonnet et Chefneux, l'ingénieur Suais fut envoyé par le Ministre de la Marine et des Colonies pour étudier les conditions dans lesquelles il pourrait y être donné satisfaction. Le rapport, remis au Ministre le 31 décembre 1886, fut concluant ; et un décret du 28 mars 1887 accorda la concession, pour 50 ans et sous certaines conditions stipulées dans un cahier des charges. Les concessionnaires devaient notamment verser à la Colonie une redevance annuelle de 30.000 francs, plus, suivant les résultats de l'exploitation, une taxe allant de 1 franc à 1 fr. 50 par tonne de sel exporté. D'autre part, l'Etat n'était tenu d'intervenir en aucune façon pour la sécurité du personnel et de l'exploitation. Un délai de deux ans était accordé pour mettre la concession en valeur.

Par ailleurs, l'empereur d'Ethiopie, Ménélik II, qui possédait encore un droit de souveraineté sur les régions du lac Assal, accordait de son côté, par contrat du 9 septembre 1891, à M. Chefneux — l'un des concessionnaires — le droit d'exploiter le lac Assal pour une durée de 20 ans.

Mais ce contrat devint caduc, du fait que le 20 mars 1897, la délimitation, au moins sur la carte, de la frontière franco-abyssine, attribua entièrement la région du lac Assal à notre possession de la mer Rouge.

Malgré la sécurité légale apportée par ces contrats, les concessionnaires ne purent même commencer à mettre leur concession en exploitation dans les délais impartis par le décret du 28 mars 1887. La déchéance fut prononcée.

M. Chefneux reprit l'affaire pour son propre compte, et un décret du 4 août 1892, suivi d'un nouveau cahier des charges, accueillit sa demande. Il fonda la « Société du lac Assal » laquelle, par décret du 15 septembre 1897, fut autorisée à céder ses droits à la Compagnie des chemins de fer éthiopiens, dont le Conseil d'Administration était présidé par M. Chefneux.

Un décret du 20 janvier 1899 modifia l'article 8 du décret de concession de 1892 en fixant uniformément à 1 franc par tonne de sel exporté la redevance à payer à la Colonie.

Enfin, suivant décision du Ministre des Colonies, en date du 21 juillet 1914, l'acte de concession des salines du lac Assal fut transféré à la « Société des Salines de Djibouti », sous les conditions et réserves stipulées au cahier des charges annexé au décret du 4 août 1892. La concession expire le 28 mai 1937 ; le Gouvernement français aura à prendre ses précautions pour ne pas laisser inexploitées dans la suite d'aussi importantes richesses naturelles.

MINES. — Il n'existe aucune exploitation minière dans la Colonie. A différentes reprises des prospections ont bien été faites, mais sans résultats.

En 1898, un certain nombre de permis de recherches furent délivrés. Entre autres, un ingénieur de la Compagnie impériale des chemins de fer éthiopiens pensa avoir découvert de l'anthracite sur le territoire de la Colonie ; mais il ne put poursuivre ses recherches, une opposition légale ayant été faite par ladite Compagnie, à sa demande de permis d'exploration.

Plus tard, un colon d'origine grecque crut également avoir découvert un important gisement de charbon dans les environs du kilomètre 37 de la voie ferrée ainsi que du côté d'Ambado, mais l'analyse révéla qu'on se trouvait en présence d'une variété d'obsidienne sans intérêt.

Par arrêtés des 25 octobre 1918, et 26 avril 1920, des permis d'exploration ont été accordés entre les kilomètres 50 et 70 de la voie ferrée. Les recherches faites n'ont pas donné non plus de résultats.

Enfin dans les premiers mois de l'année 1919, un industriel installé depuis de longues années à Djibouti : M. F. La Fay, créateur des salines, aurait découvert aux environs du lac Assal, un important gisement dont l'ensemble aurait révélé une teneur de plus de 17 % en potasse totale. Un permis d'exploration lui a été accordé le 26 avril 1919 et porte sur les terrains situés dans une zone de 6 kilomètres autour du lac. Ce permis d'exploration a été transformé en un permis de recherches minières le 31 juillet 1921. La superficie totale du permis est de 3.925 hectares.

La question des gisements de potasse dans ces régions est digne de retenir l'attention des prospecteurs comme celle des pouvoirs publics. La nature du sol amène à envisager l'existence de gisements potassiques et de nappes pétrolifères. Toute la chaîne de montagnes de Tadjourah, toute la région dankalie, y compris les lacs qui s'y trouvent, sont demeurées inexplorées.

On n'ignore point que nos voisins de l'Erythrée ont mis en exploitation d'importants gisements de potasse découverts à Dalhol (Dankalie septentrionale). Dalhol est situé en dehors de la frontière italo-abyssine, environ à 75 kilomètres de la baie de Haouakil, en territoire éthiopien, mais dans la zone spéciale où, d'après l'accord du 13 décembre 1903, prévalent les intérêts politiques et économiques italiens.

Ces mines auraient apporté, suivant un rapport de « l'Ufficio Affari Economico » du Ministère des Colonies italiennes, une aide très efficace pendant la guerre à l'Italie et aux alliés. Il aurait été exporté 50.000 quintaux de potasse en Europe et au Japon. Le gisement paraît devoir permettre, pendant de longues années, l'exploitation du chlorure de potassium qui atteindrait 1.000 tonnes par mois. Si l'on considère qu'avant la guerre l'Italie importait annuellement d'Allemagne environ 24.000 tonnes de sel potassique pour ses besoins, on voit le très grand avantage qu'elle retire de sa colonie de la Mer Rouge (1).

Les gisements de potasse de Dalhol sont à fleur du sol, ce qui en facilite l'exploitation.

La réglementation des mines est déterminée, pour nos établissements de l'Afrique Continentale (Algérie, Tunisie et Maroc exceptés), par le décret du 6 juillet 1899.

***

PÊCHES. — L'industrie de la pêche n'a pu malheureusement recevoir dans la Colonie le développement qu'elle devait comporter. La main-d'œuvre est rare. Seuls, quelques indigènes s'adonnent à la pêche avec des moyens rudimentaires : frêles pirogues, éperviers, lignes de fond ou de surface.

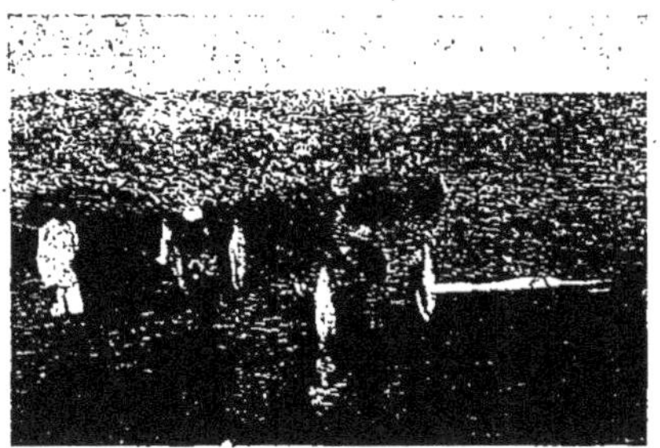

DJIBOUTI. — Pêcheurs somalis emportant sur le marché le produit de leur pêche.

Cependant le poisson abonde dans le golfe de Tadjourah ; on y trouve notamment le thon, la bonite, la dorade, le bar, le mulet, le maquereau, la sardine, la langouste, la crevette. Les requins et marsouins y pullulent ; aussi la pêche aux filets est-elle hérissée de difficultés.

Le fait suivant donnera une idée de l'abondance du poisson dans les eaux territoriales de la colonie : en 1916, trois bataillons de tirailleurs annamites (environ 3.000 hommes) furent débarqués à Djibouti et y stationnèrent plusieurs mois. Ces indigènes, dont la principale nourriture était le poisson, furent abondamment approvisionnés, sans que le marché du poisson en fut gêné, et les prix restèrent les mêmes.

(1)) En 1915, des capitalistes allemands ont tenté de mettre la main sur ces gisements.

Sur le littoral, dans les endroits où le poisson frais ne peut être vendu, les indigènes le salent et le font sécher. L'écoulement des poissons secs à bord des navires et en Abyssinie se fait à des prix très rémunérateurs.

Chaque année, de décembre à juin, quelques équipes de pêcheurs viennent de la Côte d'Arabie dans les eaux du golfe de Tadjourah pour y pêcher la bonite et le requin. Actifs, adroits et endurants, ces pêcheurs font de fructueuses campagnes. Après chacune d'elles, ils vendent leurs filets et leurs

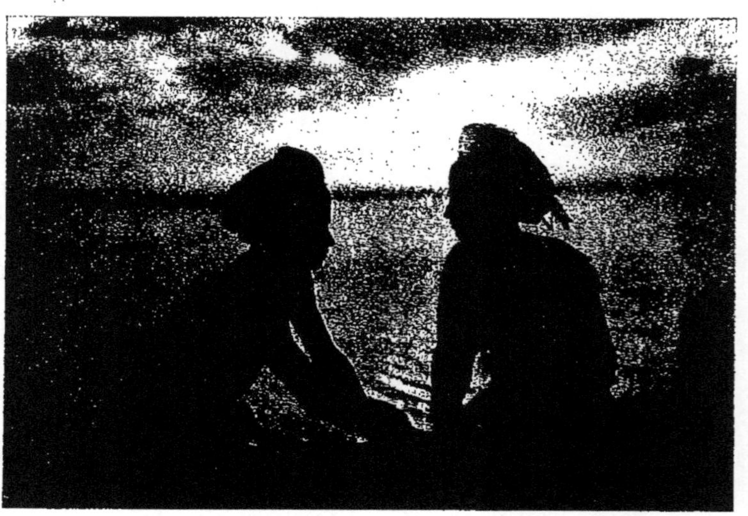

DJIBOUTI. — Pêcheurs arabes retirant leurs lignes de fond.

lignes à Djibouti, pour revenir l'année suivante avec un matériel neuf.

Depuis quelques années, des Chinois sont venus s'installer sur les îlots du littoral pour y pratiquer la pêche et exporter leurs produits.

Un colon français, connaissant bien les parages de notre établissement, a procédé à des essais de pêche en grand avec des pêcheurs venus spécialement de Norvège. Les ressources ichtyologiques ayant été démontrées, de grandes installations à terre semblent pouvoir être réalisées à bref délai. Indépendamment d'un approvisionnement abondant du marché local (ville, navires, exportation) cette exploitation se livrera avec avantages à la fabrication des conserves de poisson et au traitement des sous-produits.

Les eaux de la colonie renferment également des huîtres perlières, de la nacre, des trocas, du corail, des éponges. Le monopole de cette pêche, sur toute l'étendue du littoral de la Colonie et des îles qui en dépendent, a été concédé en 1912, pour une durée de dix ans, à un colon français de Djibouti moyennant une redevance annuelle de mille francs.

Cette exploitation, qui a donné d'excellents résultats, marque actuellement un temps d'arrêt du fait de la crise économique mondiale.

La pêche des huîtres perlières est règlementée dans la colonie par les décrets des 5 septembre 1899 et 3 juillet 1912.

CONCLUSION

Les développements qui précèdent, appuyés sur les statistiques, témoignent la prospérité continue et progressive de notre jeune établissement. Pour l'avenir, ce passé est le garant le plus sûr ; les ressources inestimables du grand empire voisin doivent nécessairement passer par notre voie, de même que tous produits ouvrés ou manufacturés qui lui sont indispensables.

Le Gouvernement français a créé là une situation de premier ordre. A l'industriel, au commerçant français d'en faire son profit, et de s'efforcer d'en retirer tous les bénéfices.

DOCUMENTS ANNEXES

(I A XI)

Population indigène de la Côte Française des Somalis

Dénombrement du 1er Juillet 1921

RÉGIONS	HOMMES	FEMMES	ENFANTS	TOTAL GÉNÉRAL
Djibouti......	3.103	2.919	1.986	8.008
District issa...........	10.190	8.602	6.746	25.538
District dankali	5.840	6.496	1.545	13.881
Territoires des Débenehs	2.336	2.204	1.778	6.318
Sultanat de Tadjourah...	4.715	2.814	3.166	10.695
TOTAUX............	26.184	23.035	15.221	64.440

Les diverses races composant cette population indigène sont les suivantes :

RACES	HOMMES	FEMMES	ENFANTS	TOTAL
A) Population indigène autochtone ou originaire d'autres Colonies françaises :				
Somalis	11.294	10.032	7.717	29.043
Danakils,..............	12.863	11.585	6.524	30.972
Annamites	8	2	»	10
Sénégalais......	189	46	11	246
Comorien.............	1	»	»	1
	24.355	21.665	14.252	60.272
B) Population indigène d'origine étrangère :				
Arabes	1.495	1.125	853	3.473
Abyssins	34	41	14	89
Hindous.............	193	112	51	356
Juifs.......	47	36	28	111
Soudanais......	59	56	23	138
Persan	1	»	»	1
	1.829	1.370	969	4.168
TOTAUX............ .	26.184	23.035	15.221	64.440

FINANCES LOCALES

Règlement des Exercices de 1900 à 1920

ANNÉES	RECETTES RÉALISÉES	PAIEMENTS EFFECTUÉS	EXCÉDENT DE RECETTES	EXCÉDENT de dépenses
1900...	900.517 63	852.192 16	48.325 47	»
1901...	1.044.468 94	704.439 45	340.029 49	»
1902..	1.055.982 69	812.633 45	243.349 24	»
1903 ..	1.189.710 77	1.132.943 79	56.766 98	»
1904 ..	1.328.562 64	1.220.535 51	108 027 13	»
1905 ..	1.380.988 19	1.265.679 60	115.308 59	»
1906...	1.406.275 60	1.269.806 80	136.468 74	»
1907...	1.602.499 66	1.326.884 47	275.615 19	»
1908...	1.464.930 10	1.418.287 18	46.642 92	»
1909...	1.343.250 48	1.337 763 17	5.487 31	»
1910..	1.568.780 41	1.568.409 16	371 25	»
1911...	2.221.927 62	1.625.469 23	596.458 39	»
1912 ..	2.846.174 32	1.945.276 98	900.897 34	»
1913...	2.906.190 95	1.861.997 50	1.044.193 45	»
1914...	1.878.045 74	1.844 993 93	33.051 81	»
1915...	1.743.447 04	1.706.786 29	36.660 75	»
1916...	1.644.299 01	1.643.851 85	447 16	»
1917...	2.321.338 02	2.087.128 48	234.209 54	»
1918..	2.527.105 91	2.149.140 02	377.965 89	»
1919 ..	3.016.699 91	3.014.859 66	1.840 25	»
1920...	3.138.366 89	3.119.617 75	18.749 14	»

TABLEAU

indiquant le Mouvement commercial de 1899 à 1920

ANNÉES	IMPORTATIONS	EXPORTATIONS	COMMERCE GÉNÉRAL	OBSERVATIONS
	Francs	Francs	Francs	
1899...	3.379.315	1.904.740	5.284.055	
1900...	7.114.257	3.468.006	10.582.263	(1) Par suite de la guerre, les cinq derniers mois ont donné des résultats à peu près nuls.
1903...	9.101.621	10.450.900	19.552.521	
1905...	11.929.941	18.219.004	30.148.945	
1910...	21.024.712	33.566.887	54.591.599	(2) Dans le total annuel, la houille importée pour les navires se trouvait généralement comprise. A partir de 1919, elle n'y figure plus. Cependant, il est bon que l'on sache, que pour 1919, l'importation de ce combustible a accusé 12.845.700 francs, soit 42.819 tonnes à 300 francs, et que pour 1920, l'importation a été de 37.751.730 fr. soit 95.574 tonnes à 395 francs.
1913...	33.916.843	47.704.148	81.620.991	
1914...	28.692.145	43 643.215	72.335.360 (1)	
1915...	24.106.230	40.996.039	65.102.269	
1916...	39.238.856	51.625.155	90.864.011	
1917...	39.416.120	50.324.846	89 740.966	
1918...	67.411.794	75.552.277	142.964.071	
1919 ..	106.301.216 (2)	96.856.294	203.157.510 (2)	
1920 ..	162.235.962	142.616.482	304.852.444	

(Voir la physionomie de ce mouvement aux annexes IV, V et VI.)

GRAPHIQUE

indiquant, pour la période de 1899 à 1820, la progression du Commerce général (IMPORTATIONS et EXPORTATIONS).

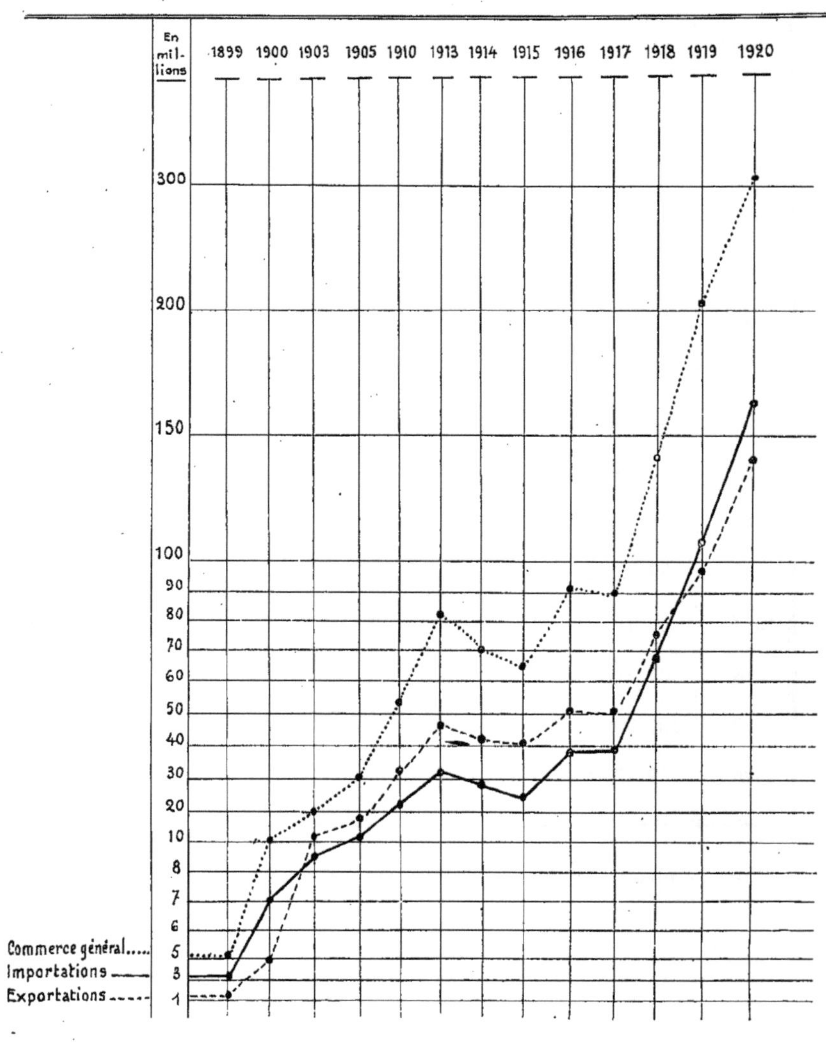

GRAPHIQUE

indiquant, pour la période de 1911 à 1920, la part de la France, des Colonies Françaises et de l'Etranger dans le Commerce des IMPORTATIONS.

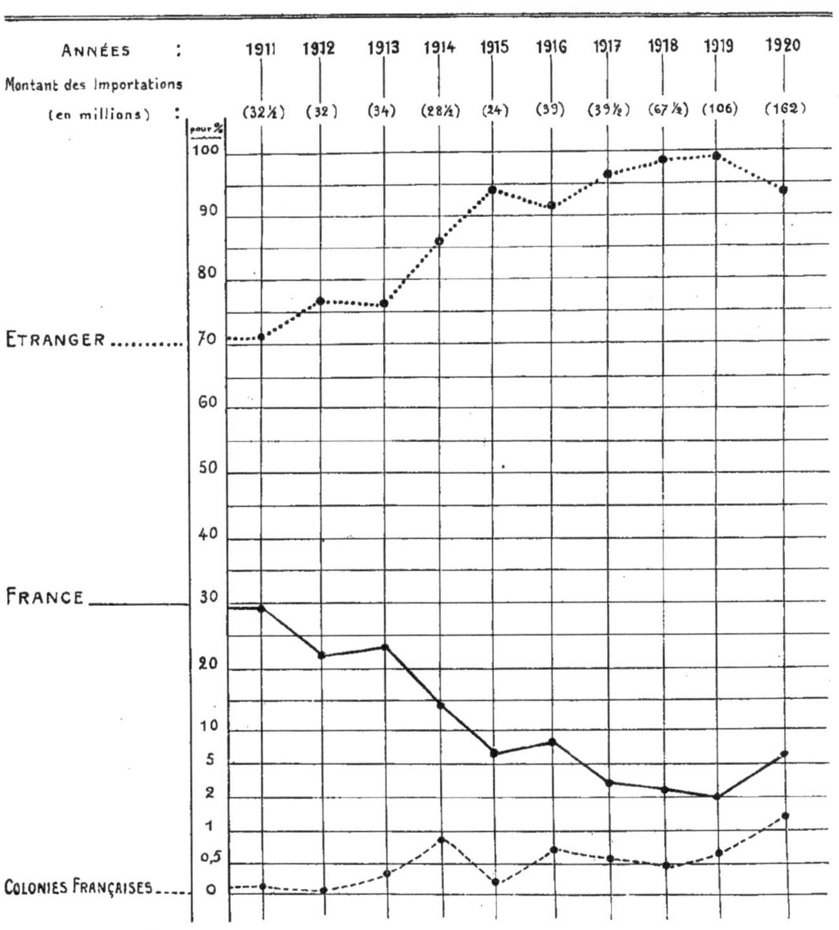

GRAPHIQUE

indiquant, pour la période de 1911 à 1920, la part de la France, des Colonies Françaises et de l'Etranger dans le Commerce des EXPORTATIONS.

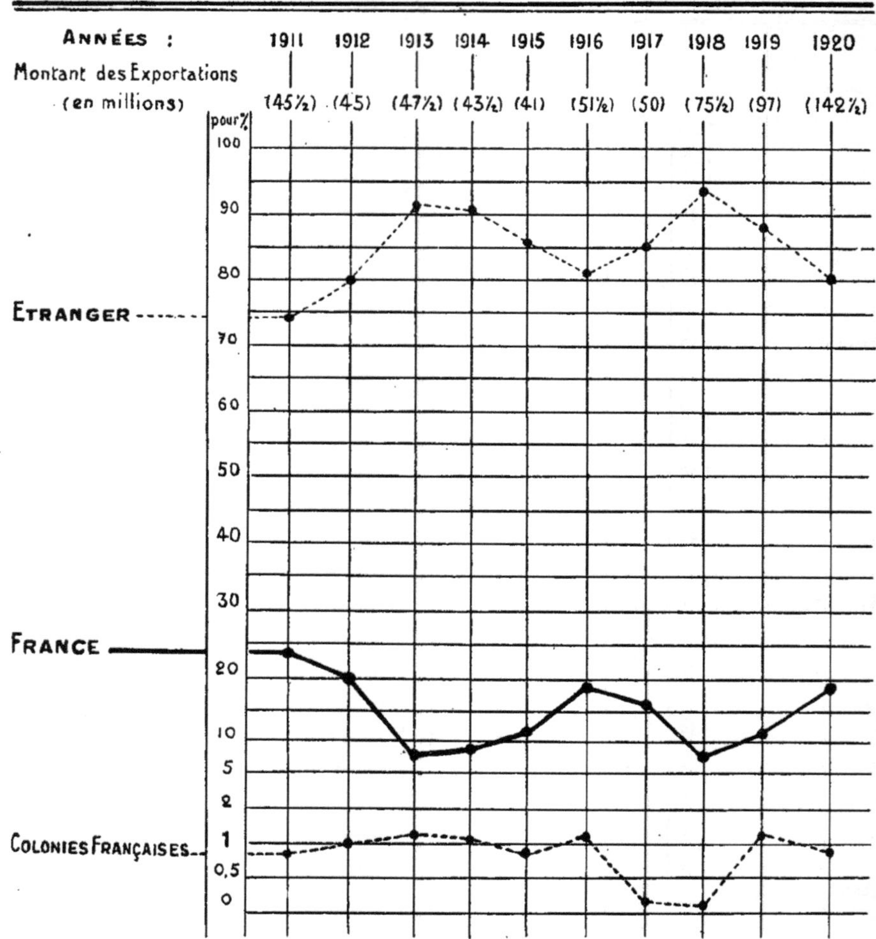

Succursale de la Banque de l'Indochine à Djibouti

A. — Mouvements de l'Émission en Billets de Banque et Circulation de 1911 à 1920 :

ANNÉES	ÉMISSION		CIRCULATION	
	AU 1er JANVIER	AU 1er JUILLET	AU 1er JANVIER	AU 1er JUILLET
1911...	1.079.200	1.599.200	900.500	1.396.300
1912. ..	1.699.200	1.999.200	1.202.540	1.702.900
1913 ...	1.999.200	2.047.220	1.719.920	1.714.080
1914....	2.232.220	2.491.220	1.296.185	2.005.860
1915....	2.491.220	2.791.220	1.981.200	2.236.800
1916....	2.811.220	2.976.220	2.303.490	1.285.405
1917....	2.976.220	2.976.220	1.427.595	1.422.070
1918....	3.221.220	3.341.220	2.204.490	2.508.660
1919....	3.616.220	3.576.220	2.745.135	3.282.135
1920....	5.161.220	6.296.240	4.704.270	4.916.725

B. — Comptes de Dépôts :

ANNÉES	AU 1er JANVIER	AU 1er JUILLET
1911...............	312.865	841.820
1912..............	1.252.975	537.230
1913...............	822.610	582.835
1914...............	798.528	486.762
1915...............	418.825	382.165
1916...............	445.486	577.128
1917...............	1.009.610	1.316.220
1918...............	1.848.252	1.937.507
1919...............	3.661.443	4.939.484
1920...............	7.392.298	6.376.935

Chemin de Fer de Djibouti à Addis-Abeba. — Mouvement du Trafic Commercial de 1911 à 1920 [1]

ANNÉES	LONGUEUR EXPLOITÉE	VOYAGEURS		G. V.		P. V.	
		NOMBRE	PRODUIT	TONNAGE	PRODUIT	TONNAGE	PRODUIT
	Kilomètres		Francs	Kilogrammes	Francs	Kilogrammes	Francs
1911....	310	8.428	136.311 60	61.620	30.788 30	21.363.767	1.761.345 05
1912	310	9.406	148.336 05	76.975	40.181 44	21.391.554	1.721.183 19
1913	421	25.680	230.380 23	130.146	67.578 36	27.955 364	2.626.245 66
1914....	461	27.597	261.334 55	118.394	75.306 11	37.915.578	2.769.934 51
1915....	617	20.551	203.384 95	125.617	57.209 64	41.704 011	3.052.647 54
1916	761.200	36.740	421.638 09	205.736	83.934 03	38.497.669	3.142.404 31
1917....	773.768	62.327	672 825 49	406.182	127.123 45	52.507.728	4.258.148 63
1918 ...	783.256	69.187	752.818 05	450.750	127.501 75	59.018.626	5.096.973 55
1919. ...	783.256	66.864	810.736 30	430.802	163.420 17	51.217.716	5.301.024 81
1920 ..	783.256	126.937	1.554 721 09	721.758	313.420 35	56.144.726	8.267.780 76

(1) Dans ce mouvement ne se trouvent point compris les transports effectués pour le service du railway.

<u>**ANNEXE IX**</u>

SERVICE LOCAL

Contributions, taxes, droits accessoires.

Le service local tire la plupart de ses ressources de contributions directes, de contributions indirectes, de droits de vérification et de contrôle, de taxes spéciales de reconnaissance sur les tissus et sur les sels, de droits accessoires, des droits de l'enregistrement et du domaine, des taxes postales télégraphiques, téléphoniques, radiographiques et sur les colis postaux.

Les contributions directes comprennent :

La taxe sur les propriétés non bâties, sur les maisons et sur les cases indigènes ;

Les patentes des commerçants établis ;

Les patentes d'étalagistes ou colporteurs ;

Les licences pour les débits de boissons (gros ou détail) ;

L'impôt sur les véhicules.

Les contributions indirectes se bornent à des droits de consommation, à des droits d'abatage, à des droits de vérification des poids et mesures.

Les droits de vérification et de contrôle touchent uniquement les marchandises passant en transit.

Il est perçu sur les armes et les munitions un droit de contrôle et de surveillance, qu'il s'agisse de transit ou non.

Depuis la convention interalliée, signée le 10 septembre 1919 à Saint-Germain, l'importation, l'entrepôt et le transit des armes et des munitions doivent faire l'objet d'autorisations préalables. En principe, les autorisations ne sont accordées qu'à titre individuel et pour des raisons de sécurité et de défense personnelle.

Les droits accessoires comprennent :

Les droits de statistiques ;

Les droits de tonnage ;

Les droits de quai.

Il existe aussi des droits de francisation, des droits de congé, les taxes sur les boutres au long cours, l'abonnement des embarcations et boutres, le visa d'expédition des boutres sans abonnement, les droits d'exportation des nacres, coraux, éponges, les droits de magasinage pour les marchandises restant à quai.

Par suite de l'élévation des prix de toutes marchandises et pour parer à la perte que peut causer à la Colonie l'application de tarifs établis en francs-papier au lieu de l'être en francs-or, il peut être institué un coefficient pour les liquidations des droits et taxes en douanes. Ce coefficient a été appliqué depuis le 1er novembre 1920. Sa quotité est 2 pour l'année 1922.

Le coefficient n'est pas appliqué aux liquidations des marchandises déclarées pour la consommation locale ou pour l'entrepôt, des emballages en retour, des provisions de bord, des marchandises en transbordement direct, même avec mise à terre, des alcools et boissons alcooliques en transit ou en transbordement, de l'or ou de l'argent monnayé ou non.

Les tarifs et quotités des diverses taxes et contributions sont publiés à la suite du budget des recettes et des dépenses du service local pour chaque exercice.

Un arrêté du 6 août 1921, complété par un arrêté du 11 décembre suivant, en refondant les droits et taxes perçues par le service des douanes, a réuni dans un seul document, pour la plus grande commodité du commerce, les dispositions jusqu'alors éparses dans plusieurs textes. Ce recueil qui renferme également la réglementation du 25 novembre 1912 sur le régime de l'entrepôt fictif, est tenu à la disposition du public par le service local des douanes, où il peut être acheté ou consulté.

LISTE

des Principales Maisons de Commerce établies à Djibouti

NOMS DES MAISONS DE COMMERCE	Nationalité	NATURE DU COMMERCE EXERCÉ
Abat	Française	Commerce demi gros.
Abdou Wahed	Indienne	Tailleur.
Ahmed ben Ahmed	Arabe	Entrepreneur de batelage.
Abyssinian Corporation Ltd	Anglaise	Transit.
Ahmed Mohamed Kassim	Arabe	Entrepreneur de travaux.
Ali Ahmed Seid	Arabe	Entrepreneur de travaux.
Ali Coubèche	Arabe	Exportation-Importation.
Ali Mohamed Kassim	Arabe	Exportation-Importation.
Amourgis	Hellène	Import.-Export.-Transit.
Anderjee Maneckchand	Indienne	Exportation-Importation.
Assadourian	Arménienne	Importation-Exportation.
Aynadjian	Arménienne	Courtier.
Bagwandas Dweshy	Indienne	Commerce en gros.
Bamismus Mohamed & Abdallah	Arabe	Importation-Exportation.
Banque de l'Indo-Chine	Française	Banque.
Barozzi	Italienne	Alimentation.
Bazarah	Arabe	Importation-Exportation.
Bergue (de) (Mme)	Française	Aubergiste.
Besse	Française	Importation-Exportation. Transit.
Caracanda Frères	Hellène	Importation-Exportation.
Charichiopoulo J.	Française	Fabrique de cigarettes. Alimentation - Importation - Exportation-Articles de bazar.
Cabasso Albert	Française	Courtier.
Calabretta	Italienne	Transit.
Cie Chemin de Fer Franco-Ethiopien	Française	Compagnie Chemin de Fer.
Cie Afrique Orientale	Française	Consignataire navires transit.
Cie Maritime de l'A. O.	Française	Compagnie Navigation Armateur.
Cie Messageries Maritimes	Française	Compagnie Navigation consignataires navires.
Cie Cie Fr. Inter-Océanique	Française	Import.-Export.
Cowasjee Dinshaw	Indienne	Compagnie Navigation Armateur.
Clayton Ghaleb & Cie	Franc.-Ang.	Import.-Export.-Transit.
Comptoir Européen	Belge	Import.-Export.-Transit.
Delzizian Frères	Italienne	Import.-Export.-Transit.
Dubail & Cie	Suisse	Import.-Export.-Transit.
Elia Jeannou	Hellène	Marchand de tabac.
Enrico Nazari	Italienne	Import.-Export.
Faïd Abdallah	Arabe	Ravitailleur de navires.
Golomally Mohamedally	Indienne	Import.-Export.-Transit.

NOMS DES MAISONS DE COMMERCE	Nationalité	NATURE DU COMMERCE EXERCÉ
Gros-Pétiaux	Française	Commerce demi gros.
Gerdalal Waljee	Indienne	Marchand en gros.
Hadji Ali Sarem	Arabe	Marchand en gros.
Hamed Aouad Bazahir	Arabe	Marchand en gros.
Hamoudi	Arabe	Import.-Export.-Transit.
Jean Loir	Hellène	Coiffeur.
Kalos	Hellène	Import.-Export.-Transit.
Kassapian & Cie	Arménienne	Courtier.
Kévorkoff Matig	Française	Import.-Export.-Transit.
Kévork Mouradian	Arménienne	Import.-Export.-Transit.
La Fay	Française	Industriel.
Lakmichand Bagwandas	Indienne	Import.-Export.
Liviérato	Hellène	Import.-Export.-Transit.
Marill	Française	Import.-Export.-Transit.
Menahem Messa	Juive	Import.-Export.
Messara	Syrienne	Courtier.
Mohamed Hanif	Indienne	Tailleur.
Mohamed Aly	Indienne	Import.-Export.
Monfreid (de)	Française	Entrepreneur batelage.
Nathoo Mooljee	Indienne	Import.-Export.-Transit.
Nocéto	Française	Entrepreneur de travaux publics.
Ohmar Ahmed Baamer	Arabe	Import.-Export.-Transit.
Papaconstante	Française	Boulanger, Import.-Export.-Transit.
Parès & Charon (Mmes)	Française	Etoffes diverses, parfumerie, articles de luxe.
Qués F.	Française	Hôtelier.
Repici	Italienne	Import.-Export.-Electricité, Glace alimentaire.
Rhigas	Hellène	Hôtelier-Restaurateur.
Riés & Cie	Française	Import.-Export.-Transit.
Said Ahmed El Bar.	Arabe	Commerce en gros.
Saleh Abdallah Mooti	Arabe	Import.-Export.-Transit.
Salem Aouad Sahari	Arabe	Courtier.
Salomon I & Z.	Juive	Etoffes et articles divers.
Said Hassen Ben Hassen Saffee	Arabe	Import.-Export.-Transit.
Société des Salines	Française	Entrepreneur de Salines.
Société Industrielle de Djibouti	Française	Service d'alimentation en eau potable, Glace alimentaire.
Sté Cie Italienne	Italienne	Compagnie Maritime, Consignataire.
Sté Cie d'Abyssinie	Française	Import.-Export.-Transit.
Vanmali Verjee	Indienne	Import.-Export.-Transit.
Vosikis & Cie	Hellène	Import.-Export.-Transit.

LISTE

des Principales Maisons de Commerce établies en Abyssinie

NOMS DES MAISONS DE COMMERCE	Nationalité	NATURE DU COMMERCE EXERCÉ
I. — ADDIS-ABEBA		
Abyssinian Corporation Ltd	Anglaise	Importation-Exportation.
Agrumaria	Autrichien	Importation.
Baijeot (Joseph)	Belge	Importation.
Bayart (Achille) & fils	Française	Affaires minières.
Bénine & Cie	Arabe	Importation-Exportation.
Bollolakos	Grecque	Hôtelier.
Besse (A)	Française	Importation : cotonnades, pétrole, sel. Exportation : cuirs et peaux, cire, café.
Bank of Abyssinia ...	Anglaise	Banque.
Cie Générale d'Abyssinie (Anciens établissements Gros-Pétiaux & Cie	Française	Importation : cotonnades, quincaillerie, vins et liqueurs. Exportation : cire et cuirs.
Comptoir Européen ..	Belge	Importation-Exportation.
Desvages (A)	Française	Imprimerie. Administration du Journal hebdomadaire « Le Courrier d'Ethiopie ».
Dubail (Louis) & Cie..	Suisse	Importation-Exportation.
Feller & Evalet	Suisse	Scierie mécanique.
Garikian	Arménienne	Tannerie. Importation-Exportation.
Ghaleb (K)	Syrienne	Importation-Exportation.
Jiwadjee and Son......	Indienne	Importation-Exportation.
Kalos Frères	Grecque	Importation-Exportation.
Kévorkoff	Française	Régie co-intéressée des tabacs de l'Empire Ethiopien. Importation : conserves, vins, quincaillerie, cotonnades. Exportation : cuirs et peaux, cire.
Lagarde & Balade	Française	Mécaniciens.
Manolaki Frères	Grecque	Importation-Exportation.
Mohamedally & Cie....	Indienne	Huilerie, minoterie. Importation-Exportation.
Mouradian	Arménienne	Importation-Exportation.
Riès (Maurice) & Fils.	Française	Importation : cotonnades. Exportation : cuirs et peaux, cire.
Savouré (A) & Cie	Française	Importation : épicerie et vins.
Said Bazarah	Arabe	Importation-Exportation.
Said El Bahr	Arabe	Importation-Exportation.
Said Hassan	Arabe	Importation-Exportation.

NOMS DES MAISONS DE COMMERCE	Nationalité	NATURE DU COMMERCE EXERCÉ
Soc. Coloniale Italiana	Italienne	Importation-Exportation.
Terras	Française	Hôtel-Restaurant-Cinéma.
Trouillet (Edmond)....	Française	Huilerie, savonnerie.
		Importation : conserves, épicerie, vins, liqueurs, coutellerie.
		Exportation : cire et civette.
Vaudetto	Italienne	Minoterie.
Zecou (Polydoros) ...	Grecque	Distillateur.

II. — DIRE DAOUA

NOMS DES MAISONS DE COMMERCE	Nationalité	NATURE DU COMMERCE EXERCÉ
Abat	Française	Importation et Exportation.
Cie Agricole Commerciale & Industrielle Franco-Abyssine	Française et Ethiopienne	Céréales.
Abyssinian Corporation Ltd	Anglaise	Importation et Exportation.
Ahmedbai Karimbai...	Indienne	Commerce local.
Bellolakos	Hellène	Hôtel et Importation.
Barozzi B..................	Italienne	Commerce local.
Benine	Anglaise	Importation et Exportation.
Badroodin & Cie	Indienne	Importation.
Bayart & Fils	Française	Affaires minières.
Besse A..................	Française	Importation et Exportation.
Bagwandas Dewsjee...	Indienne	Commerce local.
Belonias J..................	Hellène	Importation, épicerie.
Bank of Abyssinia	Anglaise	Banque.
Brouillet	Française	Tanneur.
Comptoir Européen ..	Belge	Importation et Exportation.
Sté Coloniale Italiana.	Italienne	Importation et Exportation.
Cheik Hassan Bassabrein	Arabe	Exportation.
Chotalal Manjee	Indienne	Commerce local.
Cherefally Akberally..	Indienne	Commerce local.
Mme Claude	Française	Café.
Dubail, Louis & Cie...	Suisse	Exportation.
Fazerally Mohamedally	Indienne	Commerce local.
Garikian	Arménienne	Sel.
G. M. Mohamedally..	Indienne	Importation et Exportation.
Ghanotakis Frères ...	Hellène	Importation, épicerie.
Girdarlal Valjee	Ind.-Banian	Commerce local.
Grospas	Française	Restaurant.
Hassanally Tayebally.	Ind.-Banian	Commerce local.
Heraldt (Mme)	Française	Mercerie.
Imprimerie St-Lazare.	Française	Imprimerie, reliure.
Karelas P..................	Hellène	Epicerie.
Lakmichand Bakwandas	Ind.-Banian	Importation sur place.
Mouradian Kevork ...	Arménienne	Importation et Exportation.

NOMS DES MAISONS DE COMMERCE	Nationalité	NATURE DU COMMERCE EXERCÉ
Mohamed Bazara	Arabe	Exportation.
Mohamedally Yousouf-fally	Indienne	Commerce local.
Moussali & Fils	Syrienne	Commerce local.
Montaperto	Italienne	Hôtel.
Nathoo Mooljee	Ind.-Banian	Importation.
Der-Nighogossian Frères	Arménienne	Commerce local.
Nedourian	Arménienne	Commerce local.
Papaconstante J	Française	Importation.
Pragjee Jackhand	Ind. Banian	Commerce local.
Zartarian Mirhan	Arménienne	Importation et commerce local.
Riès Maurice & ses Fils	Française	Importation et Exportation.
Sté Commerciale d'Abyssinie (anciennement Guigniony)	Française	Importation et Exportation.
Société des Salines	Française	Sel.
Sayed Ahmed El Bar.	Arabe	Exportation.
Sayed Hassen El Bar.	Arabe	Exportation.
Scottis Georges	Anglaise	Boulangerie.
Toselli	Italienne	Importation et Exportation.
Tayebally Akberally	Indienne	Commerce local.
Terras	Française	Café et cinéma.
Vosikis & Cie	Hellène	Importation.
Valabdas Jamanas	Ind. Banian	Importation.
Vanmali Virjee	Ind.-Banian	Importation.
Vasanjee Hirjee	Ind.-Banian	Importation.
Yacoub Hadji Soliman	Arabe	Exportation.
Yazedjian	Arménienne	Photographe.
Livierato A.	Hellène	Transitaire et savons.
Kalos	Hellène	Importation et Exportation.
Etablissements Kevorkoff	Française	Importation, Exportation et tabac.

III. — HARAR

Bank of Abyssinia	Anglaise	Banque.
Benine	Anglaise	Importation et Exportation.
Etablissements Kevorkoff	Française	Importation, Exportation et tabac
Garikian	Arménienne	Tannerie.
Hôtel Lac Haramaya	Hellène	Hôtel et Export (à mi-route Diré-Daoua et Harar).
Kalos	Hellène	Importation et Exportation.
Mohamedally G. M.	Indienne	Importation et Exportation.
Moussali & Fils	Syrienne	Commerce local.
Michalitsianos	Hellène	Commerce local et Importation.
Riès Maurice & Fils	Française	Importation et Exportation.
Zamanian Armenak	Arménienne	Importation.

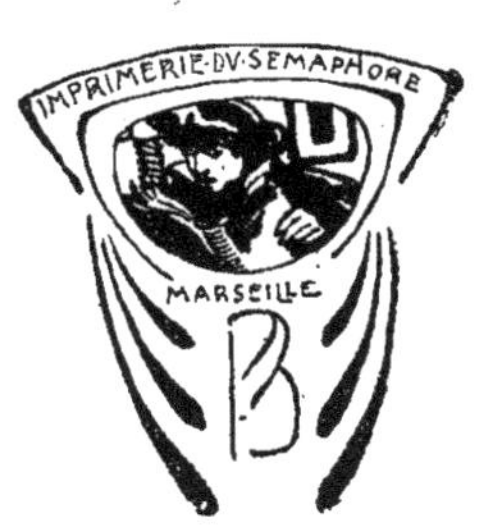

BARLATIE
IMPRIMEUR
RUE VENTU
MARSEILLE